EL SUPER

COLECCION TEATRO

EDICIONES UNIVERSAL. Miami, Florida, 1982

IVAN ACOSTA

EL SUPER
(Tragi-comedia)

P.O. Box 450353 (Shenandoah Station)
Miami, Florida, 33145., U.S.A.

Library of Congress Catalog Card No.: 80-68858

I.S.B.N.: 0-89729-271-5

Fotografía de la portada por: Octavio Soler

Fotos interiores por: Pepín Astiles y Gabriel Murcia

Impreso por: Ortex Corp., Miami, Florida.

Un breve prólogo para un Súper muy superior

Toda literatura que se desarrolla en el destierro necesita de un amplio período de gestación, maduración y decantamiento, antes de comenzar a plasmar en obras de calidad permanente, un testimonio certero del momento histórico-cultural que le ha servido de marco.

Ese mismo proceso ha sido y sigue siendo experimentado por la literatura cubana que comenzó a forjarse en el exilio, hace más de dos décadas. Hoy día se agrupa fuera de Cuba un sinnúmero de escritores de talento y fama reconocida, que junto a los nuevos valores que despuntan por su definida vocación artística y la seriedad de sus obras, van conformando el perfil de las nuevas promociones literarias de la diáspora cubana.

Sin lugar a dudas, la lírica, la narrativa y la ensayística cubanas del destierro, cuentan ya con una nómina de envergadura, así como con una estimable producción--tanto cuantitativa como cualitativa--que podrían resultar la envidia de cualquier país hispanoamericano. No obstante, en lo que a la cantera dramática se refiere, a pesar de las muy destacadas figuras que la integran y a la reciente proliferación de salas teatrales en las que participan actores y directores cubanos expatriados, la producción se muestra salteada, escasa y, a veces, de valor fluctuante.

Sin embargo, ha sido una breve pieza teatral, debida a la pluma de un joven santiaguero casi desconocido hasta ahora como creador literario dentro de las letras del exilio, una de las obras--si no la primera--que ha recogido y plasmado con mayor precisión el núcleo de los sentimientos, ideas, vivencias, actitudes y problemas que han venido aquejando y todavía acongojan a una mayoría de los exiliados cubanos, especialmente a los que residen en la ciudad de Nueva York y en otras localidades del nordeste del país.

Por supuesto que nos referimos a "El Súper", este juguete tragicómico de Iván Acosta que, desde su estreno en 1977, se ganó el aplauso unánime del público y de la crítica teatral, además de haber servido de base para el guión de la exitosa cinta cinematográfica del mismo nombre, filmada en Nueva York por cineastas cubanos del exilio.

Para todo el que haya estado al tanto de la labor cultural desarrollada por el exilio cubano, el nombre de Iván Acosta habrá de resultarle familiar, no tanto como creador literario, pero sí como activo divulgador de cultura, director teatral, compositor de éxito, trovador e intérprete de canciones de protesta y, además, constante defensor de los ideales democráticos y líder de un sector de la más sana juventud cubana en lucha permanente contra el desarraigo.

No pretendemos venir en este breve espacio prologal a entonar un ditirambo sobre esta afortunadísima pieza teatral, sobre esta verdadera "tragicomedia" del exilio cubano, como muy bien podría llamarse. Pero sí sentimos la obligación, el placer y el honor de sumar nuestro modesto reconocimiento a los méritos evidentes de la misma, que la harán perdurar por su tema, caracteres, aciertos dramáticos y genuino mensaje de cubanía, en el registro de las obras representativas de la nación cubana en éxodo.

Ante todo, la obra llama la atención por su ejemplar sencillez, naturalidad, verosimilitud y realismo. Resulta obvio que Iván Acosta no se esfuerza en la presentación de rebuscamiento técnicos para impresionar; ni en el uso de absurdos incompresibles que se presten a simbolismos ambiguos; ni en la utilización de preciosismos del lenguaje que sirvan de mero ornamento artificial; ni en la invención de personajes irreales que resulten arquetípicos de la vida de los exiliados en una urbe.

Por el contrario, el mayor acierto del autor ha consistido en proceder con pericia científica al acercarse a los seres de carne y hueso a su alrededor, penetrar sus mentes, absorber sus sentimientos, captar sus emociones e ideosincrasia, y poder así trasmitir a sus personajes de ficción ese enorme cúmulo adquirido de vivencias, reacciones y actitudes. Y todo ello, logrado mediante el uso de un diálogo ágil, preciso, como encapsulado dentro de un español salpicado frecuentemente de anglicismos, muy acordes con la realidad circundante, sin exageraciones ni alardes pueriles, sin vestigios de retórica ni engolamientos fuera de lugar en la dramaturgia del momento.

También, otro valioso acierto de Acosta fue la selección de su protagonista. Efectivamente, el ex-billetero Roberto Amador Gonzalo, constituye ciertamente la antítesis de ese ya casi mítico cubano triunfador en los Estados Unidos; no es el exiliado elitista con fácil dominio del idioma inglés, de brillante carrera empresarial o sonados títulos universitarios, que vive en los suburbios acomodados y no sufre cotidianamente el violento choque de culturas, el prejuicio rampante o la indiferencia más brutal. Más bien, Roberto Amador Gonzalo es un verdadero antihéroe; un hombre humilde que abandonó su patria en busca de mayor libertad y con una esperanza de mejor vida; un infeliz que marcha siempre con su nostalgia a cuestas, como partido en dos, con la ilusión del regreso a Cuba en cada instante, con la cándida esperanza de un mañana mejor, tan arraigada en el hombre hispano.

8

En fin, el súper Roberto, sumido siempre en las responsabilidades de sus labores humildes, en las gratas pero breves compensaciones de su mundo dominguero de dominó, cerveza fría y charla intrascendente con los amigos, mirando la vida "desde abajo", desde aquel sótano convertido en apartamento, seguirá soñando con regresar a la isla amada y hasta ahora perdida, porque solamente allí, en aquel paraíso idealizado, podrá cumplirse su destino y, sobre todo, volver a ser él mismo. Y si no logra completar el ciclo de regreso al origen, buscará por todos los medios radicarse en Miami, el nuevo paraíso re-creado a sólo noventa millas de la Isla, para esperar allí el regreso a la patria o el viaje definitivo de la muerte.

Los demás personajes de la pieza complementan a cabalidad la simpática y atractiva personalidad del súper Roberto. Son seres vivos que Acosta ha conocido en su deambular como trabajador social por las calles de Nueva York; o en su travesía en bote al escapar de Cuba junto con amigos y familiares en 1961; o en constante bregar de joven hispano abriéndose paso en esta urbe competitiva y despiadada. Seres muy "vivos" son Aurelia y Aurelita, madre e hija, por momentos sufriendo los embates del llamado "generation gap"; Cuco, el cubano listo, complaciente, neutral, sin problemas; Pancho, el alardoso, simpaticón y cuentista; Bobby, el puertorriqueño amigo, que se ha convertido en uno más del grupo, con idénticos problemas y congojas.

Y basta ya. Dejemos que sea el lector quien se interne en este tablado viviente tan bien creado por Iván Acosta en uno de los momentos de frustración del exilio, en uno de esos períodos pasados de decaimiento de la actividad política de los expatriados, para que siguiendo las peripecias del súper Roberto Amador, hacer como el billetero del monólogo final, "A 90 MILLAS DE SU CAIMAN, PARARNOS EN UNA ROCA TODOS LOS D ÍAS, Y TODOS LOS DÍAS MIRANDO AL MAR, TRATAR DE ACHICAR LA DISTANCIA. TOTAL, 90 MILLAS NO SON NADA, ¡COMPADRE!

The City University of New York   Julio E. Hernández-Miyares
Julio de 1982

"EL SUPER"
(Tragi-comedia)
Escrita por: Ivan Acosta

La obra se desarrolla en un sótano convertido en apartamento, de esos que se encuentran en el "upper westside" de Manhattan. El apartamento tiene dos ventanas que dan a una pared encima de la cual se encuentra la acera. A la izquierda está la cocina, en el centro izquierda la puerta de entrada y a la derecha la entrada hacia el cuarto. En la izquierda del escenario está el comedor, una mesa, cuatro sillas, un escaparate y un refrigerador. Al frente de la mesa se encuentra una mesita con un teléfono. A la derecha del escenario está la sala, un sofá cama, un mueble tocadisco, radio y televisor, una mesita de centro, dos butacas etc. En la pared detrás del sofá cama, hay un retrato de Santa Bárbara.

Roberto Amador Gonzalo era billetero antes y después de la revolución cubana. Luego en vez de vender billetes por las calles, se convirtió en distribuidor de billetes, y se metió a miliciano. Aurelia su esposa estaba en estado. La situación económica no había mejorado, y la situación política dentro del país empeoraba cada día más. Roberto al igual que miles de cubanos más, decidió irse del país, huyendo en un bote con su esposa y su niña de un año de nacida.

Al llegar a los Estados Unidos de América, Roberto se fue a vivir a Nueva York. Se consiguió un trabajo de encargado de edificio, "Super". Se mudó en un sótano convertido en apartamento, y allí vivió nueve años hasta irse para Miami.

11

Es domingo, las 9:30 de la mañana. Aparecen Roberto y Aurelia durmiendo en el sofá-cama de la sala. Se comienzan a sentir sonidos metálicos. Los vecinos están golpeando los tubos del edificio. Roberto se despierta.

Roberto: Coño, no se puede ni dormir, ni siquiera los domingos se puede dormir. Cuando no es el agua caliente, es la calefacción. *(Imitando voces)* Roberto, tengo una ventana rota, Roberto, el llavín de la puerta no me cierra, Robertico, alguien trató de entrar en mi apartamento, Roberto la vecina de al lado trae un hombre distinto todos los días. *(Continuando golpeando los tubos).* Ya ya voy, godemet, sanamabiche, ya voy...*(Coge una llave inglesa, va hacia uno de los tubos y comienza a golpearlos).* Ya está bueno coño, tienen que esperarse un momento. *(Aurelia se despierta asustada).*

Aurelia: ¿Qué te pasa Roberto, te has vuelto loco?

Roberto: ¿Quién no se vuelve loco con ésto? Tú sabes lo que es que todas las mañanas te despierten a tubasos. *(Vuelven a pegarle a los tubos)*

Se comienzan a escuchar voces que vienen de la ventana.

-Roberto, Roberto, nos morimos de frío-

-Hey super, you cuban son of a bitch, turn that fucking heat on.-

-Calefacción, calefacción, nos estamos frizando.-

-Super, super, nos frizamos. Vamos a llamar al landlord.-

Roberto: *(Va hacia la ventana)* Ya, ya, espérense un momento, tienen que dejar que se caliente la boila. *(Cierra la ventana)* Ojalá y se congelen todos. *(Continúan los gritos y los golpes en los tubos).*

Aurelia: Oye Roberto, la verdad es que hace un frío tremendo. *(Roberto se pone el abrigo, la gorra y la bufanda. Sale a encender la calefacción. Aurelia se aparta de la puerta, esquivando el aire frío que entra del pasillo).*

Aurelia: Tápate la boca Roberto, no vayas a coger flú. *(Aurelita sale de su cuarto y enciende el radio)*

Aurelita: Mima, ¿qué era todo esa bulla?

Aurelia: Nada hija, que a tú papá se le olvido prender la boila, el reloj no lo despertó. Y hace una clase de frió, tremendo. *(Se escucha en el radio una canción de Elvis Presley, entonces se escucha la voz del locutor que dice)*

Locutor: It's 25 degrees in New York City. That was Elvis Presley. If you really want to have fun, listen to this. . .

(Aurelia va hacia el radio y comienza a cambiar las estaciones hasta sintonizar una estación en español).

Aurelia: ¿Qué tal se portó el muchacho ese con que fuiste a bailar anoche? *(Preparando la mesa para desayunar).*

Aurelita: Se portó demasiado bien, solamente bailó tres veces conmigo.

Aurelia: ¿Y las demás veces?

Aurelita: ¿Que demás veces? si solamente bailó esas tres veces, y pa' eso, pisoteándome los zapatos. . .lo bueno del caso fue después cuando regresábamos. Se le rompió el carro y tuvimos que caminar como quince bloques para coger el subway.

Aurelia: ¿Y por qué no cogieron un taxi?

Aurelita: El solamente tenía diez dólares. Pagó seis por la entrada a la discoteca, y dos refrescos que nos tomamos, ahí se fueron los diez pesos.

Aurelia: ¿Y tú no llevabas dinero?

Aurelita: Yo sí, pero a estos cubanitos hay que enseñarles a ser caballeros, ellos se las dan de machos, queriendo fumar hasta tabacos, pues que aflojen el dinero, que paguen.

Aurelia: Pero en un caso como ése, caminar quince cuadras y con frío, ¡le zumba el mango!

Aurelita: Yo no sé lo que le zumba, pero lo hice pagar el subway. Y me tuvo que pedir dinero prestado para poder regresar a su casa.

Aurelia: ¿Y que fué lo que le pasó al carro de él? *(En eso entra Roberto, viene encogido del frío)*

Roberto: ¡Coño, que clase de frío! la boila no me quería arrancar. Dame café, anda. *(Le toca la cabeza a Aurelita)* ¿Y usted a qué hora llegó anoche?

(Roberto toca los tubos para ver si están calientes)

Aurelita: Llegué en el mismo momento que tocaban el himno americano en la televisión, y tú roncabas como un tren dormido en frente de ella.

Roberto: ¿Ah, tú crees que yo no te sentí, boba?. . .era para ver lo que tú me decías.

Aurelita: Sí, claro, como tú nunca pierdes. . .

Aurelia: *(Saliendo de la cocina)* Oye Roberto, acuérdate que esta tarde viene Felipe. Vamos a ver si nosotros podemos ir por casa de ellos. Clotilde me estuvo contando de todas las cosas que Felipe le ha puesto al basement de ellos. Fíjate, ella dice que él le ha forrado todas las paredes con maderitas de esas finitas. . .

Roberto: Sí, claro, él se puede dar el lujo de hacer eso. El trabaja como un mulo, de noche en la factoría de telas, y de día, súper. Eso no es vida Aurelia, además, ellos se piensan quedar aquí para siempre.

Aurelita: ¿Y nosotros qué? ¿Vamos a regresar a Cuba cuando caiga FIDEL?

Roberto: ¡Sí! ¡Claro que sí! Nosotros estamos aquí temporariamente. En cuanto caiga ese hijo de. . .*(Aurelia lo mira fijo)*. . .mala madre, nos largaremos. Como dice la cancioncita esa que cantan por ahí, Nueva York, tierra de frío y trabajo, aquí te dejo mi abrigo, que yo me voy pa'l carajo. ¿OK?
(Aurelia ya ha preparado la mesa para desayunar)

Aurelita: Para allá se irán Uds., porque yo de aquí no me voy.

Roberto: Tú vas a donde nosotros te llevemos. . .

Aurelita: Sí Pipo ahora, pero de aquí a que caiga el tipo ése, yo no seré menor de edad, y olvídate mi'jito, de aquí no me moverá nadie.

Roberto: *(Un poco enfadado)* Ojalá te cases con un patriota y no con un mocoso de esos que sólo saben ir a dar brincos en discotecas.

Aurelita: Los mocosos esos que dan brincos en las discotecas, por lo menos no andan perdiendo el tiempo en reunioncitas, jugando a. . .

Aurelia: *(Saliendo de la cocina)* Ya está bueno, Aurelita, no empecemos las discusiones.

Roberto: Eso es lo que aprende con las amiguitas, nada bueno se le pega. . .
(Aurelita se levanta y se va hacia su cuarto. Apaga el radio)

Aurelia: *(Asomándose por la ventana del comedor, abre las cortinas)* Hoy es domingo. A la verdad que metidos aquí abajo, uno no sabe la diferencia de un domingo, a un lunes, o un miércoles, todos los días lucen iguales, y con el frío éste, las cinco de la tarde ya es de noche. *(Va hacia la otra ventana)* Los días lucen tan grises.

Roberto: *(Escribiendo unos recibos)*. Tú te acuerdas de Cuba. Por cuanto los domingos iban a ser tan aburridos como aquí. Aquí el domingo es el peor día de la semana. Nadie quiere hacer nada, todo el mundo se queda encerrado en la casa, acumulando energías para levantarse temprano el lunes por la mañana. La gente vive con una preocupación, no disfrutan de la vida.

Aurelia: Si a ésto tu le llamas vida. . .*(Continúa trajinando)*.

Roberto: Bueno, Aurelia, al menos nosotros no nos podemos quejar. Tenemos casa. . .

Aurelia: Sótano *(Entre dientes)*

Roberto: Bueno, es casa, ¿no? Tenemos televisión, no nos falta un plato de comida, tenemos a Aurelita estudiando, y sobre todas las cosas tenemos buena salud, gracias a Dios. *(Aurelia va hacia el cuarto)* Si te fijas bien estamos ganado. Cuando salimos de Cuba, no teníamos nada. Y ahora tenemos todo ésto. Estamos ganando, Aurelia.

Aurelia: *(Saliendo del cuarto)* Tal vez tu tengas razón, a lo mejor es mejor mirar la vida de ese modo, pero yo no sé, viejo, cada vez que me paro en la ventana y lo único que veo son las piernas de la gente pasar por allá arriba, me causa una malísima impresión. Es como mirar al mundo desde abajo. *(Aurelia se sienta a desayunar también)*.

Roberto: Desde abajo, o desde arriba. . .la cuestión es que tenemos buena salud.

Aurelia: Gracias a Dios. Oye, acuérdate que. mañana viene el ins pector de los edificios. Ten todo preparado, y dile a Aurelita que te escriba en un papel como es que se contestan esas cosas en inglés. Ella va estar para el colegio, y yo tengo que ir a la oficina del Medicaid. ¿No sé que pasará con esa gente que no me acaban de mandar la tarjeta?

Roberto: Siéntate a esperarla. Te dije el otro día que cogieras diez pesos y te fueras a hacer un chequeo con el médico.
(Aurelita sale del cuarto y se sienta en una de las butacas de la sala a arreglarse las uñas)

Aurelia: Déjame ver mañana lunes, si no me dan la tarjeta en la oficina, entonces voy a ir a la consulta del doctor López Pujól. Pero tendré que llevar más dinero. La consulta vale treintaicinco pesos, y si me manda al laboratorio, a hacerme algún análisis, tú sabes como es eso. Por lo menos debo llevar cincuenta pesos.

Roberto: ¿Y por qué ese hombre cobra tan caro? Coño, ni que fuera el único médico del pueblo.

Aurelia: ¿López Pujól? Ay Roberto, si solamente mencionar el nombre López Pujól, y ya todo el mundo sabe de quien se trata. *(Aurelita pone atención a la conversación)* A ese doctor la van a ver todos los cubanos y muchos latinos que ya lo conocen.

15

Roberto: Mira, Aurelia, él lo que se está aprovechando de su nombrecito, para sacarle los billetes de los bolsillos a la gente.

Aurelia: Que va Roberto, él es muy consciente. Además, él te hace sentir como en tu casa, te habla de Cuba, de la clínica que él tenía. Te hace cuentos de su mamá, de su tío que era senador. Es una persona de lo más agradable. Además, es cubano, y así nos entendemos mejor.

Aurelita: Si, y aprovechándose de que es cubano, lo que está haciendo es cogerlos a todos de bobos. Por eso se dá el lujo de cobrarle mil dólares a sus compatriotas...

Aurelia: No son mil dólares, Aurelita, son treintaicinco.

Aurelita: Y yo te apuesto a que ni siquiera puede hablar inglés.

Roberto: ¿Eso qué tiene que ver? Pa' ser médico no hay que saber ni inglés, ni chino, ni ruso...

Aurelita: Sí, pero aquí todos los libros que se publican son en inglés, y la medicina avanza todos los días, y seguramente que ese López Pujón todavía está recetando los remedios que recetaban en la "Cuba de Ayer".

Aurelia: ¿Y por qué tú crees que la oficina se le repleta de gente, habiendo tantos médicos en Nueva York?

Aurelita: Se le repleta de gente por eso mismo. Porque les habla del Morro, de Varadero, de lo maravillosa que era la clínica que él tenía...

Aurelia: Precisamente, eso es lo que lo hace más humano.

Aurelita: Precisamente, eso es lo que le hace cobrarles $35 por sentarse en su consulta.

Roberto: Bueno, mira a ver si mañana te dan esa tarjeta del Medicaid, y así nos ahorramos los $35 pesos.

Aurelia: Tendré que ir a otro médico, porque López Pujól no acepta el medicaid.

Roberto: *(Se para y va a tocar los tubos)* Pues ve a otro médico, chica, y deja al López Pujón ese quieto.

Aurelita: *(Burlándose)* López Pujón, no acepta Medicaid...

Roberto: *(Roberto tiene los sobres en la mano y se prepara para salir)* Bueno, déjame llevarle los recibos de la renta a la gente, ahora que la calefacción está subiendo ya. *(Se escuchan sonidos de los radiadores comenzando a calentar)*.

Aurelia: ¿Vas a ir así, en pajama?

Roberto: Ah caramba, se me olvidaba que todavía estaba en pajama, ya ahorita me vuelvo loco.

Aurelita: *(Riéndose)* Pipo, tu estás loco. *(Roberto va hacia el cuar-*

18 años hacia el pasado. Eso es lo que encontrarán en Miami.

Fuego con ellos... coño.

17

to a cambiarse la ropa. En eso suena el teléfono y Aure-
lita corre a contestarlo) ...Hello....si....no, es Aurelita la
hija...espérese un momentico...OK, ...Mima, te llama
Ofelia...

Aurelia: *(Desde la cocina)* Dile que enseguida voy para allá.

Aurelita: Oiga, dice mi mamá que enseguida viene, espérese un
segundo. *(Aurelita va hacia su cuarto).*

Aurelia: Oye, que tal, cómo los trata el frío y la nieve...ay, que
clase de frío hija, imagínate que Roberto se quedó dormido y nos despertaron a tubazos, clan, clan, clan...no
era menos, hija, está como a 25 grados...¿Y ustedes
qué?...no, ay chica, si no hace ni diez minutos que yo los
estaba mencionando, déjate de eso, chica...¿hoy? ah, está bien, espérate un momentico, déjame preguntarle a
Roberto. *(Gritando)* ¡Roberto, Roberto!

Roberto: *(Desde el cuarto)* Dime...

Aurelia: ¿Hoy vamos a salir a algún lado?

Roberto: *(Desde el cuarto)* ¿Cómo?

Aurelia: ¿Qué si hoy vamos a salir a algún lado?

Roberto: *(Desde el cuarto)* Con el frío que hace, a patinar en el hielo será.

Aurelia: No, no vamos a salir a ningún lado...está bien
vengan...sí...los esperamos...hasta luego. *(Roberto sale
del cuarto)* Ofelia viene con Pancho, vienen como a las
cuatro. Ve y compra de una vez algunos saladitos. Ahí
no hay nada.

Roberto: ¿Y las latas de "tunafí" que yo traje los otros días?

Aurelia: ¿No te acuerdas que nos la comimos el viernes por la noche? *(Roberto se rebusca los bolsillos y va hacia el cuarto)* ¿Qué pasó? ¿qué buscas ahora?

Roberto: Las llaves, se me quedaron en el cuarto.

Aurelia: *(Encuentra las llaves sobre el mueble del comedor)*
Míralas aquí Roberto, tu siempre estás perdiendo las
llaves. *(Roberto regresa hacia la puerta y sale).* Tápate
la boca, sal pronto, cuidado con el aire, cierra, cierra.
*(Ambos forman un rito al abrir y cerrar la puerta, debi-
do al aire frío que entra de la calle).*

Aurelita: *(Sale del cuarto y va hacia el refrigerador)* ¿Mima, quienes vienen?

Aurelia: Ofelia y Pancho, vienen como a las cuatro.

Aurelita: Ah, yo no los podré ver, yo voy bowling con Kathy y
Mimi.

Aurelia: Niña, descansa. ¡Quédate en tu casa aunque sea un domingo por la tarde!

Aurelita: *(Recostada de la puerta del refrigerador abierta)* ¿Para qué me voy a quedar? ¿Para oírle a Pancho sus hazañas de revolucionario? Ya yo me las sé de memoria.

Aurelia: Cierra el refrigerador, ¡Ay, caramba! se me olvidó decirle a tu papá que comprara café. *(Corre hasta la puerta)* ¡Roberto! ¡Roberto!

A P A G O N

C U A D R O 2

(Todo luce recogido. Aparecen en escena, Ofelia sentada en el comedor, Aurelia en la cocina. Pancho sentado en el sofá cama y Roberto sentado en la butaca al pie de Pancho. Pancho toma una cerveza. Ofelia lee una Vanidades).

Pancho: *(Riéndose ordinariamente)* Yo quisiera que tu hubieras visto como corrían esos desgraciados. Oiga compadre, y nosotros ahí, pegados al gatillo, fuego con ellos, fuego con ellos...

Roberto: ¿Y como cuántos eran ustedes?

Pancho: Ya te dije, éramos ocho. Yo tenía un garand, entonces...

Roberto: *(Interrumpiendo)* ¿Y cuántos eran los milicianos?

Pancho: Ellos eran como cien o doscientos...Entonces yo me tiré detrás de una piedra y abrí fuego, chico. *(Echa una carcajada)* ¡Como corrían tú!. Me acuerdo que había un negro que tenía una boina roja. ¡Le he metido una clase de balazo!

Roberto: ¿Lo mataste?

Pancho: No, le piqué cerquita; pero creo que al desgraciao, del susto le dio un ataque al corazón. Entonces yo le dije al resto del grupo: Ustedes tres cojan por allá, por detrás de las matas de limones. Ustedes cinco, avancen por el medio, por la mata de mangos. Y el resto venga conmigo. Eso era para confundir a los milicianos...

Roberto: *(Rascándose la cabeza)* Pero ven acá Pancho. ¿Tú no me dijistes que eran ocho?

Pancho: *(Reacciona rápidamente)* Sí, éramos ocho. Pero entonces llegaron tres más...Papo, Ojo de Vidrio y Agustín...Oye, ¿Qué pasa? ¿Tú no me crees?

19

(Ofelia y Aurelia continúan conversando en el comedor)

Roberto: Yo sí te creo, coño, pero como dijiste que eran ocho, entonces dices que cinco por allá, por la mata de limones, tres por acá por los mangos, o los marañones, y el resto contigo. *(Se para y va hacia la cocina)* Mira déjame buscarte otra cervecita...

Ofelia: ¿Aurelia, tú te fijaste en este modelito de primavera?

Aurelia: *(Desde la cocina)* Con este frío, ¿Ya están anunciando modelitos de primavera?

Ofelia: A tí te quedaría bien. *(Roberto pasa por detrás de Ofelia y mira la revista)*.

Roberto: Está bien lindo ese modelito.

Ofelia: ¿El modelito, o LA MODELITO?

Roberto: No, no, el modelito, Ofelia, el modelito. *(Ambos sonríen)*.

Aurelia: Ofelia, *(Sale de la cocina)* ¿Y ustedes han recibido noticias de Cuba?

Ofelia: Sí, hace una semana recibimos una carta de mi hermana Marta, en la que me dice que mamá no se está sintiendo bien. Se está quedando ciega, la pobre. La carta venía con fecha del dos de Noviembre, imagínate, ¡casi un mes tomó en llegar la carta!

Aurelia: No me digas nada, hija, nosotros le enviamos un paquetico a los viejos de Roberto, con unas medicinas para el reuma, y otras boberías. Hace tres meses. *(Le habla en voz alta a Roberto)* Eh, Roberto, ¿Cúanto hace que le mandamos las medicinas a Milagros y a tu papá?

Roberto: *(Desde la sala)* Como tres meses.

Aurelia: Y todavía. Estas son las santas horas que no hemos recibido contestación de Cuba.

Ofelia: Eso se lo cogen la gente del gobierno. *(Pancho pone atención a la conversación)*.

Aurelia: Yo no me explico, porque el hombre que se dedica a hacer eso, nos aseguró que los paquetes llegarían a manos de ellos.

Pancho: *(Desde la sala)* Esos lo que son unos descarados. Especulando con el sacrificio de los cubanos de buena fé. Eso lo único que hace es ayudar al régimen. ¿Tú te crees que con la escasez de medicinas que existe en Cuba, ellos les van a entregar esas medicinas a esa gente? ¡No sean bobos, hombre!

Roberto: Yo se lo dije a Aurelia, pero la gente de ahí arriba, del 4-J, han mandado hasta medias y espejuelos. ¿Y tú puedes creer que les han llegado, chico?

20

Pancho: Yo no estoy de acuerdo con que se les mande nada. Hay que dejar que sufran, que sepan lo que es el comunismo.

Roberto: Si, pero imagínate, son los viejos de uno.

Pancho: Ahí es donde está nuestro fallo. La debilidad del cubano, el humanismo. Por eso es que los comunistas avanzan en el mundo. Ellos no creen en padres, en hijos, en hermanos, ni en amigos, ni en un carajo. Por eso nos tienen jodidos.

Aurelia: Pero es que si actuamos igual que ellos. ¿Entonces para qué combatirlos, Pancho?

Pancho: Tenemos que utilizar su técnica. Ojo por ojo, y diente por diente. Si ellos son HP, nosotros tenemos que ser más HP que ellos. Por eso compadre, que cuando desembarcamos en Bahía de Cochinos...plomo con ellos, fuego con ellos. Con los comunistas no puede haber tregua.

Roberto: Coño, ¡que lástima que ustedes perdieron esa invasión!

Pancho: Los americanos tuvieron la culpa, se lo dijimos por el radio: necesitamos apoyo aéreo. Nos dejaron solos, compay. Nos embarcaron. Pero no te preocupes, que la guerra todavía no se ha terminado. Lo bueno que tiene ésto es lo malo que se está poniendo.

Roberto: *(Repitiendo sobre las líneas de Pancho)* Lo malo que se está poniendo. Coño, pero ya van para nueve años que yo llevo aquí, paleando nieve, botando basura, y aguantándole las descargas a todos los inquilinos del edificio.

Pancho: Yo llevo trece años, mi hermano. ¿Y qué? Trujillo se metió treinta años. Duvalier como treinta también. Y que tú me dices de Franco y Stalin. Mira Roberto, no hay mal que dure cien años...

Roberto: Ni cuerpo que lo resista. Yo sé, sí, pero mi cuerpo comienza a quejarse. Son 49 abriles, mi hermano, y estos últimos nueve han sido los más duros de mi vida.

Pancho: Alégrate que estás aquí. Imagínate esa pobre gente en los campos de concentraciones. *(Se para de repente)* Voy al baño, perdóname un momentico, no puedo aguantar más.

Aurelia: *(Sentada con Ofelia en el comedor)* Yo a veces me siento como en una prisión. Los días entre semana, ayudando a Roberto con la superintendencia, y mi costurita. Entonces llega el fin de semana, y cuando no es lluvia, es nieve. No se puede ir a ningún lado.

Ofelia: Chica, tú tienes que hacer lo que yo hago. Los sábados y

21

los domingos la cocinera está libre, "off duty". A comer afuera, pollo frito o Macdonal, o lo que sea, pero ésta que está aquí, no prende la candela los fines de semana. Con lo rápido que pasa el tiempo aquí, uno se pone vieja, y no se dá cuenta.

Aurelia: Ay, Ofelia, ojalá y fuera tan simple, pero es que a Roberto no le gusta salir.

Ofelia: Ven acá, chica, ¿Y Aurelita? ¿No te ayuda?

Aurelia: Que va, hija. Ella con su escuela, con sus amigas y su discoteca, no tiene tiempo para nada.

Ofelia: Dime, Aurelia, ¿y ya tiene novio?

Aurelia: Tú sabes como son estos muchachos, no les cuentan nada a uno. Hay un muchacho ahí que la llama todas las noches, pero como hablan en inglés, yo no sé si están hablando de romance o del último disco que se compraron.

Ofelia: ¿Qué edad tiene Aurelita ahora?

Aurelia: Va a cumplir los 18, en Marzo de este año que viene ahora. Yo me acuerdo que en Cuba, cuando yo era una señorita, yo le contaba todo a mi mamá...

Ofelia: Esa eras tú, porque yo, que va, yo era una tumba.

Aurelia: Ella era la mejor amiga que yo tenía; pero estos muchachos de ahora, apenas cumplen los 18, se quieren mudar solos, cambian de novios como cambiar de vestido, y ya saben todo lo de la vida, es una cosa horrible...

Ofelia: Yo quisiera que tu oyeras a dos vecinitas mías, hablando de las clases de pastillas que toman para no tener hijos. ¡Que inmoralidad! Chica, ¡adonde vamos a parar!

Aurelia: Por ese lado yo estoy tranquila con Aurelita. Yo sé que ella no deja que le toquen ni un dedo.

Ofelia: Ay, Aurelia, pero mira que tu eres boba, pero muchacha. Tú no ves que eso lo aprenden en la misma escuela, en la clase de "aiyin". Aquí apenas cumplen los 13 o los 14 años, ya los maestros les enseñan como se hace un hijo. Y de ahí en adelante, los muchachos se encargan de practicarlo.

Aurelia: Bueno, mirándolo bien, es mejor que aprendan de todo. Así aprenden a protegerse. Oye, porque es peor, que se aparezcan con una barriga. Dios nos ampare de todo mal. *(Continúan hablando en voz baja).*

Pancho: Oye tú, coño, ¿no hay calefacción en el baño ese? *(Saliendo del cuarto).*

Roberto: Hace unos días se rompió el radiador. Hay que dejarle la puerta abierta para que le entre el aire caliente del cuarto.

Pancho: Por poco me frizo... ¿De qué estábamos hablando?

Roberto: ¿Qué?

Pancho: Que ¿de qué estábamos hablando?

Roberto: De lo mismo que hablamos siempre: de Cuba, de Fidel, de la invasión, y de lo jodidos que estamos. Oye, tengo unas ganas de irme de esta ciudad...Esto no sirve, Pancho. Aquí todo va de mal en peor.

Pancho: Mira, Roberto, hay que mirar la vida de un modo más optimista. Te voy a decir una cosa, pero que ésto quede entre nosotros. Vaya, ésto puede ser hasta comprometedor. *(Mira hacia todos los lados y se acerca bien a Roberto).* Lo que se está preparando ahora sí --que no tiene nombre. Con el lío que Fidel se ha buscado con los soldados cubanos en Angola, y con el disgusto de las madres cubanas, la situación se está poniendo casi perfecta para formar la tángana. Y déjame decirte, Roberto, lo que se está preparando, mi hermano, va a ser de película. Lo que le vamos a meter pa' allá abajo va a ser del carajo... nitrón.

Roberto: Ahora que los americanos están coqueteando con Fidel. Eso yo lo veo muy difícil. Yo no sé de donde tu sacas esas informaciones.

Pancho: ¿Qué informaciones? ¿De que en Cuba hay más de 50,000 presos políticos muriéndose en las cárceles? ¿De que los aviones soviéticos ametrallan a todo el que trata de huir de la isla? ¿De que están inmolando a los jóvenes cubanos mandándolos a pelear en distintos lugares del mundo? ¿De que Fidel Castro es un títere del imperialismo soviético? Todo el mundo sabe eso tú. ¿De que el pueblo de Cuba está al explotar? Olvídate de que los yankis van a abrir una embajada en La Habana...

Roberto: Sí, Pancho, yo sé todo eso, pero es que...

Pancho: No, mi hermano, ¿tú sabes lo que pasa? Que Cuba no le importa a nadie. Ni a los americanos, ni a los rusos, ni a los chinos, ni a los marcianos, ni un carajo. A Solyenitzin, el ruso ése que se exilió, todo el mundo le puso atención, porque era ruso, intelectual, ganador del premio Nobel. Pero ¿quién carajo le va a poner atención a Huber Matos, a Orlando Bosch, a Gutiérrez Menoyo, o a Juanito de los Palotes? Nadie. A nadie le importa Cuba, ni el sufrimiento de los cubanos. Somos una islita con un loco egocentrista que hace las cosas según sus antojos...y porque somos nueve millones. Ah, pero compadre, si fuéramos 50 ó 100 millones, entonces sí que nos íbamos a divertir. *(Toma cerveza)*. Imagínate tú, con nueve millones, tenemos cubanos hasta en el Japón, por un lado exilados, por el otro, tropas cubanas. ¿Tú oyes eso? Tropas cubanas, en Vietnam, en Africa, en el Líbano, y en un paquete de lugares más. Si toda esa fuerza y todos esos cerebros lo pusiéramos a trabajar en Cuba y para Cuba. Entonces sí que podríamos hablar de adelantos y de grandeza. La culpa de eso la tienen los comunistas. Claro que han habido, y que hay otros culpables, sí, pero los que están en el duro ahora son ellos, Fidel y sus camarillas, y a esos son a los que hay que pegarles duro. *(Gritando)* Fuego con ellos ¡coño! Fuego con ellos.

Ofelia: *(Desde la cocina camina hasta el comedor)*. Pancho.

Pancho: *(Continúa gritando, ignorando a Ofelia)*. Fuego con ellos, sin compasión, esa gente son unos degenerados, unos asesinos. Fuego con ellos.

Ofelia: ¡Pancho, Pancho!

Pancho: ¿Qué? *(Sigue hablando con Roberto)* Hay que rescatar lo que perdimos. *(A Ofelia)* ¿Qué tú quieres, chica? Estoy hablando. ¿No me ves que estoy hablando?

Ofelia: Sí, pero habla bajito, no tienes que gritar. Eso mismo que tú estás gritando lo puedes decir más bajito.

Pancho: Ah, chica, no me mandes a callar. Tú sabes que yo hablo así, sigue tú en la cocina con Aurelia. Déjame quieto. ¡Coño! no se puede ni hablar...No te saco más...

(Pancho y Ofelia siguen discutiendo. Roberto sigue sentado en su butaca. En eso suena la puerta. Alguien está tocando. Aurelia va y la abre).

Aurelia: Bajen la voz, ahí están tocando. Debe de ser Felipe.

Roberto: ¿A esta hora?

Predicador: Buenas noches. *(Entra sin pedir permiso)*.

Aurelia: ¿En qué le puedo servir?

Predicador: El propósito eterno de Dios va triunfando ahora para el bien del hombre...

Aurelia: Eh, mire joven, usted me va a perdonar.

Predicador: La Biblia informa que Jesús resucitó a Lázaro entre los muertos, después, después que Lázaro había estado muerto cuatro días.

Aurelia: Ay, mi hijito, si yo soy devota de Santa Bárbara...

Predicador: ¿Tiene sentido para Ud. el que la gente viva en la tierra en hambre perpetua como sucede con millones de

Este es un infiltrao. Eso es comunismo...

Enseguida subo Doña Fefa.

personas hoy en día?

Pancho: Ahora sí que la arreglamos, mi hermano...

Aurelia: ¿Eh?...bueno, yo no creo que...

Predicador: ¿Entonces el relato bíblico de que Jesús suministró alimento para miles de personas quizás no le sea importante a ustedes?

Aurelia: Pero, mire, usted no podría venir otro día, ahora estamos...

Predicador: Cristo es la única salvación. Hay que salvarse aunque sea ahora mismo. Tenemos que volver a nacer... *(Le entrega un panfleto religioso a Ofelia).*

Ofelia: Yo soy católica, hijo.

Predicador: (Va hacia la sala y le entrega panfletos a Roberto y a Pancho). Los grandes poderes gastan más de cuarenta billones de dólares en armas de fuego, y para mantener armado, uniformado y equipado a un solo soldado, a un solo soldado. *(Se sienta).*

Roberto: *(Roberto se para rápidamente)* Ey, ey, mire joven, yo lo entiendo, pero usted tiene que entender que tenemos visita, estamos ocupados.

Predicador: Para escuchar la palabra de Dios nunca se debe estar ocupado. Por eso yo les exhorto, en nombre de Jesucristo, que todos hablen de acuerdo, que no haya divisiones, que estén todos unidos en una misma mente, en una misma forma de pensar...

Pancho: Mi hermano, eso es comunismo, ¡sácalo de aquí!

Predicador: Es la Biblia, la palabra de Dios...

Ofelia: ¡Y no se va!

Predicador: ¿Parece razonable el que una simple tortuga viva más de 150 años, mientras que la creación superior, el hombre, a pesar de la ciencia médica moderna, tenga que resignarse a la mitad de esa duración de vida, o aun menos?

Roberto: Bueno mire joven, nosotros estamos ocupados, ya se lo dije. *(Lo escolta hasta la puerta).* Hágame el favor de marcharse, si desea venga otro día, pero ahora, ya está bueno.

Predicador: Jehová ha declarado en lenguaje simbólico su propósito para el futuro. *(Va saliendo).* Lean Génesis 3:15, lean Galatas 3:18, lean Ezequiel 38:23, Josue 9:11. El creador Dios Jehová...*(Desde afuera).* Sálvense ahora. Sus nombres serán alabados por todo el cielo y la tierra cuando ajuste las cuentas con Satanás, los demonios y la gente inícua de la tierra.

(Se continúan escuchando las palabras del predicador, fuera de escena. Roberto comienza a discutir con Aurelia y surge una improvisación entre los cuatro).

Aurelia: Oye, ¿qué cosa es ésta, chica?

Roberto: Mira que te he dicho que no abras la puerta sin mirar por la ventana.

Ofelia: Yo por eso es que no le abro la puerta a nadie, sin mirar primero quien es.

Pancho: Se te cuelan aquí y te la arrancan.

Roberto: No, y con la partida do locos que andan sueltos en esta ciudad, mira pa'l asesino ese, el hijo de Sam. Esta mujer no aprende, se lo he repetido cuarentamil veces, pero no aprende.

Aurelia: Yo creía que era Felipe.

Roberto: La verdad es que hay que tener cuidado.

(Todos hablan a la vez sobre el mismo tema)

Pancho: Oye Roberto, tú sabes que esto me recuerda a mí cuando estábamos allá en la invasión, había un tipo, igualito que este, entonces. . .*(Roberto lo interrumpe)*

Roberto: Está bien Pancho, vamos a hablar con las mujeres un rato, ¿Ok? Ofelia, pase para acá. Aurelia, deja ya la cocina y ven para acá. *(Ofelia y Aurelia van para la sala)*

Pancho: Aurelia por favor, traigame otra cervecita.

Aurelia: ¿Tú también quieres otra, Roberto?

Roberto: *(Se acaricia el estómago)* No, no, ni una más, no quiero romper más la dieta.

Ofelia: Hablando de dieta, oye Aurelia, mirándote bien, tú sabes que tu luces más delgada, no, ¿o es el vestido?

Aurelia: Que va, chica, metida en la cocina, ¿quién se aguanta la boca?

Roberto: La que si se cuida mucho es Aurelita. No come ni pan, ni arroz, ni frijoles, no quiere que le fríen el bistec en aceite.

Ofelia: Imagínate, está en la edad de la belleza. Aquí la moda es estar flaca. Sin embargo, allá, mientras más gorda una estaba, más saludable decían que una era. Yo me acuerdo cuando yo estaba en la escuela superior, me decían gata flaca. Aquí me hubieran dicho que estaba en la línea.

Pancho: En la línea de Mohamad Ghandy. Yo sí que no entro en eso de gata flaca. a mí que me den carne antes que huesos. *(Se ríe fuerte)*

Aurelia: Pero es tanto la propaganda acerca de las dietas, que una llega a contagiarse. Imagínate, ponen a esas muchachitas modelos, que son perfectas, Sus dientes, su pelo, las piernas, los ojos, son unas verdaderas muñequitas. La gente ve eso por televisión, entonces todo el mundo quiere lucir como ellas.

Roberto: Eso me recuerda cuando yo era jovencito. Las películas americanas, de vaqueros y las de guerra. Oye, todos eran rubios y de ojos azules, no se veía un nichardo.

Pancho: Ah, sí, y medían seis y siete pies, ninguno era bajito. Fíjense en el caso de Alan Ladd. El tipo medía cinco con cuatro, y cuando iban a sacar la película, lo encaramaban en una caja de leche vacía.

Roberto: Y jamás perdían una batalla.

Roberto: ¿Perder batalla? ¿tú estás loco? A los japoneses, a los alemanes, a los Koreanos. No olvídate, ellos eran los héroes siempre, el enemigo siempre se mandaba a correr. Y a ellos no le entraban ni las balas. Imagínate tú, si son los creadores de Superman.

Ofelia: Es verdad que estos americanos se la comen.

Roberto: *(Bostezando)* Sí, por comérsela tanto ya se están empachando. *(La conversación toma un ritmo más lento)* ¿Hasta cuándo tendremos que palearle nieve a esta gente, caballeros?

Pancho: Hasta que decidas mudarte para la capital del exilio.

Aurelia: Bueno, déjeme decirle Pancho, yo prefiero la nieve, y la boila, y todo lo demás antes de irme para Miami. ¡Que va! ¡Ese cubaneo y ese chisme! Aquí por lo menos nadie se mete en la vida ajena.

Pancho: Sí, y cuando a uno le da un patatún por la madrugada, no hay un vecino que le prepare un té a uno. Olvídense que no hay como Cuba. *(Aurelia bosteza y con mímicas le pregunta la hora a Roberto y él le contesta también con mímicas. Ofelia también bosteza)* El gallo en la mañana, el cafecito, los buenos días del vecino que pasa, el sol ese que quema como candela, el guarapito. Ay cubita, cubita.

Pancho: *(Cantando desafinado)* Cuando salí de Cuba, dejé mi vida, la, la, la, la. Guantanamera, guajira guantanamera...*(Las luces se han ido oscureciendo)*.

Ofelia: Pancho, ¿qué te parece si nos vamos?

Pancho: Usted es la jefa, ¿no? *(Se ríe)*

APAGON

CUADRO 3

Es lunes. El apartamento luce más recogido. Roberto llega de la calle. Trae unas cuantas ropas viejas que posiblemente algún inquilino tiró a la basura. Las revisa y las lleva hasta el cuarto. Cuando sale enciende el radio. Se quita la gorra, la bufanda y su inseparable abrigo. En el radio se escucha la voz del locutor Manolo Iglesia, dando las noticias del medio día.

Roberto: ¡Que clase de frío! *(Va hasta el refrigerador a tomar leche. En eso suena el timbre del teléfono)* Ya voy.... Oigo....ah, que pasa viejo. ¡Coño que clase de frío se está botando!....sí....ayer nos quedamos esperándote....vinieron Pancho y la mujer. Ná, pasamos un rato de lo más agradable....imagínate, Pancho, como siempre, contándome sus aventuras en la invasión....lo mismo de siempre. ¡Que manera de hablar mierda, tu!....sí.... sí....Aurelia y Aurelita están bien. Aurelia fue a ver si le daban la tarjeta del Medicaid, quiere ir al médico a hacerse un chequeo general....no me digas na'....hay un médico ahí que le pide 35 billetes y nada más que por verla. Ni que estuviera tan mala....Sí....ajá. *(Tocan en la puerta)* ¡Va!....sí....coño, no me digas éso chico, *(Tocan de nuevo)*. Ya voy. ¿Y vinieron los bomberos? Ese es el miedo que yo le tengo a los fuegos, ...no y aquí que los edificios se encienden como si fueran de papel....*(Tocan otra vez)* Va, ¡ya voy!....Oyeme tú, te tengo que dejar me están tocando la puerta....sí está bien, no hay problema....igualmente mi hermano, salúdame a la mujer....sí embúllense para el próximo domingo. *(Tocan otra vez)* Ok, nos vemos, adiós. *(Cuelga el teléfono)* ¡Ya va, ya va! *(Abre la puerta)* Dígame....

Inspector: Are you the superintendent of this building?

Roberto: Superintendent? ah, sí, sí, yes. I am superinenden.

Inspector: I'm the inspector from the Building's Department, may I come in?

Roberto: Ah, usted es el inspector, sí pase, comin, comin. Take one chiaar. You inspector?

Inspector: *(Entra y va a sentarse en el sofá cama. Saca varios papeles de su maletica y comienza a llenarlos)*. What is

29

your name sir?

Roberto: ¿Mi nombre? Roberto Amador Gonzalo.

Inspector: How do you spell it?

Roberto: ¿Cómo dice? What? *(Se sienta al pie del inspector)*

Inspector: How do you spell it? (Roberto no ha entendido nada)
how...look, escribir su nombre?

Roberto: Ah, menos mal, usted habla español, ¡que bueno, chico!

Inspector: No, sir, I don't speak Spanish, just a few words.

Roberto: ¿Cómo? perdóneme, no le escuché bien.

Inspector: I said...forget it, just write your name. Escribir su nombre, please.

Roberto: *(Va escribiendo su nombre)* RO BER TO, A MA DOR, GON ZA LO.

Inspector: What is your social security number? Social Security, you understand?

Roberto: Yes, yes. 245, 76, 4, 3, 5, 2.

Inspector: Very good. How old are you?

Roberto: Eso sí que lo entendí. ¿Ya usted ve? Yo estoy muy bien, excepto por el frío, oigame, ¡me dan unos latidos en la cintura! ¿Y usted cómo lo trata el frío?

Inspector: How old are you? ¿Cómo viejo es usted?

Roberto: Coño, bueno, yo le voy a decir, la verdad que yo no me siento tan viejo.

Inspector: No, no, año usted viejo...no... ¿Cómo años tener usted?

Roberto: Ah, ¿que cuántos años yo tengo? fortynai, pero no se dice así, se dice? ¿Cuántos años tiene usted? Como, es como. Cuantos es...Cuantos años. ¿Entiende? *(El inspector continúa llenando el formulario sin hacerle caso).*

Inspector: Ok, listen well now. How many apartments are there in this building?

Roberto: Apartment? Eso es lo único que le entendí. What?

Inspector: Look, how many apartments...como, no, no, cuantos, right? apartamento a la building?

Roberto: Sí, sí, ya lo entiendo. Hay veinte. Twoenty, OK? Y con el mío Twoenty one, yu nou?

Inspector: Twenty, Ok, very good. Where is your license of superintendency. (Roberto no ha entendido nada. El inspector se dá cuenta que pierde su tiempo) Look sir, isn't there any one here that could translate for you. No persona hablar espanol, here?

Roberto: Bueno yo hablo español, ¿no? lo que pasa que usted no, me entiende...

Inspector: No, no, no. I mean, ¿no persona hablar la inglés?

A big package of years...

Brindemos por la libertad de Cuba. Y por las mujeres.

Roberto: Oh, you, yes, usted quiere a alguien que hable inglés para que nos traduzca. Mr. Cuco, uptear, he pikingli gud. You guaremoment, I go a llamarlo por teléfono. *(Llama por teléfono)* Mi hijito, ponme a tu papá ahí... ¿Cuco? Oye Cuco, mi hermano, tú entiendes inglés. Hazme el favor y baja un momentico. Necesito que me traduzcas aquí. Imagínate, tengo al inspector de la cuidad metido aquí, y el tipo no habla ni papa de español. Y yo imagínate, ni papa de inglés. No Aurelita no está aquí, está en la escuela. Está bien mi hermano, te lo voy agradecer, dále rápido tú, ¿ok? *(Va hacia la sala)* Mister, guaremomen, OK? *(Roberto va a la cocina y se sirve un poco de café. En el radio se escucha una salsa. El inspector sigue escribiendo, luce molesto sentado en el sofá cama).*

Inspector: Sir, sir.

Roberto: You cofi? café cuban, good.

Inspector: May I use your table, please?

Roberto: *(Roberto cree que el inspector le está elogiando el mantel sobre la mesa del comedor)* Oh, thank you, muchas gracias, my wife, she, compró en woowool.

Inspector: *(Se traslada de la sala hasta el comedor y se sienta a escribir en la mesa)* Thank you.

Roberto: *(Se ve a Cuco que pasa por la ventana, toca a puerta. Roberto abre)* Coño, Cuco, entra mi hermano.

Cuco: ¿Ese es el americano? olvídate de eso. Hello, mister.

Inspector: You speak English, right?

Cuco: Little, little. You talk slow, I understand you. You talk rapid. I do not understand nothing. You know? thank you.

Inspector: Ok, Ok, ask Mr. Gonzalo, how many buildings there are connected with the same back yard.

Cuco: What??? One more time please, you say slow.

Inspector: How many buildings are there connected with the back yard?

Cuco: I got it. El tipo dice, que como cuantos buildings se conectan con la parte de atrás.

Roberto: ¿Con el patio?

Cuco: Sí viejo con el patio, con la parte de atrás.

Roberto: Dile que. Déjame ver. El de López, uno, el del dominicano, dos, el del niche americano, tres, el cojo, y el mío cinco.

Cuco: Coño, él entiende español, tú. You understand Spanish?

Roberto: No entiende na' viejo.

Inspector: No, just a few words. Ask Mr. Gonzalo, when was the last time that they inspected the gas and the electrical system in this building.

Cuco: I got it. Dice que cuando fue la última vez que inspeccionaron la electricidad y el gas.

Roberto: No, dile que yo no pago ni electricidad ni gas. Eso lo paga el landlord.

Cuco: No, mano, no. El gas y la electricidad del edificio, no la tuya.

Roberto: ¿Del edificio? Yo no sé, desde que yo soy super de este edificio nunca lo han venido a inspeccionar.

Cuco: He says, that, from he is super, in this building, never they como to impectionate, you know?

Inspector: Ok. Ask him, if he has attended any school for building maintenance, and if he has a certificate of the superintendency.

Cuco: Ok, ¿Que si tu tienes un certificado de la superintendencia?

Roberto: ¿Un certificado? No, chico, el único certificado que yo tengo es uno de una escuela, que me robaron el dinero. Cogí un entrenamiento para arreglar lavadoras eléctricas, y lo único que aprendí fueron las marcas. Esos desgraciaos me robaron el dinero.

Cuco: Sí, pero yo no le puedo decir eso a este tipo. ¿Tú no tienes una licencia para ser súper?

Roberto: ¿Licencia de qué? no viejo, no, 1,500 toletes que le tuve que dar al otro súper que vivía aquí, para que me vendiera la cueva ésta.

Cuco: Bueno, le voy a decir que tú no tienes licencia.

Roberto: ¡Pérate! ¡pérate!...bueno, está bien, dícelo, que carajo.

Cuco: He do not has one license, you know?

Inspector: You mean that he doesn't have a cetificate from any school of superintendency, right?

Cuco: Yes, yes, yeah.

Inspector: Yes or no?

Cuco: Yeah, yeah, no, no, no, he do not has, no, no.

Inspector: No. Ok, how long has he been superintendent of this building.

Cuco: ¿Cuánto largo tu has sido? No, no, este, él dice que ¿cuánto tiempo tu llevas siendo el súper de este edificio?

Roberto: Imagínate, Un paquetón de meses.

Cuco: A big package of months, about.
Inspector: What????
Cuco: Coño, ya me hiciste decirle un disparate al americano.
¿Cuántos meses exacto, tu? Sorry mister.
Roberto: Ocho años. Espérate, déjame ver, nosotros llegamos de
Cuba en el 68. Sesentaiocho, sesentainueve....ocho años
y dos o tres meses.
Cuco: Eight years and two or three months. *(El radio se siente
más alto)* Oyeme Roberto, bájame la musiquita ésa, no
me deja concentrarme en el inglés.
Inspector: Eight years.
Roberto: *(Roberto va y apaga el radio)* Es que este radio se sube
solo. Sorry mister, radio you know?
Inspector: Tell him to sign here, here and here.
Cuco: Mira, firma ahí, ahí, y ahí, en las tres equis.
Roberto: ¿Para qué es ésto?
Cuco: ¿A mí tú me vas a preguntar? Yo que sé mi hermano.
Firma anda, el tipo está desesperado.
Roberto: *(Roberto firma. El inspector va guardando sus papeles
en la maletica. Se prepara para irse)* Sabe Dios, para qué
será esto.
Inspector: Tell him that he will receive a letter from downtown.
Tell him to keep a copy and then, mail the other two
back. Tell him to make sure to sign them, before he
mails them back.
Roberto: ¿Qué dijo ahora tú?
Cuco: No sé, no le entendí muy bien, dijo algo de una carta.
Roberto: *(Parándose)* Bueno, dile que OK.
Cuco: *(Parándose)* OK.
Inspector: *(Caminando hacia la puerta)* OK.
Roberto: *(Caminando hacia el inspector)* OK.
Inspector: OK. Mr. Gonzalo.
Roberto: *(Le dá la mano)* OK.
Cuco: *(Le dá la mano)* OK.
Inspector: OK.
Roberto: OK.
Cuco: OK.
Inpector: OK.
Roberto: OK.
Cuco: OK.
Inspector: Good Afternoon.
Roberto: Good Afternoon.
Cuco: Good Afternoon, mister.

Inspector: *(Tratando de abrir la puerta)* OK. The door, please.
Cuco: OK. The door, please. Abrele la puerta, tú.
Roberto: Oh, Ok, Ok, *(Roberto le abre la puerta. El inspector se va. Roberto y Cuco se dan la mano sonrientes).*

APAGON

CUADRO 4

Es de noche. Roberto y Aurelia están sentados en el sofá cama, mirando el televisor. Aurelita está hablando por teléfono. Roberto sostiene un "Diario de las Américas" en sus manos.

Aurelita: ¡Que embarque!....Are you crazy? No hija, no, conmigo sí que no, he's an idiot *(Sonríe en voz alta, Roberto la mira de reojo)*...Mentira...I don't believe you...Ajá, ajá...ajá. No sé, sí, yo voy a ver si puedo ir...You know I have to tell my mother, yeah, yeah, cuban mother, you know. I know she'll say yes...No hija que voy a saber esquiar, si ni siquiera se patinar en el hielo. Un día fui con Henry....ajá, Tania's brother, nos dimos una matada. *(Ríe)* Oye, I did not say "mate", I said "matada"...que nos caímos en el hielo estúpida. *(Tocan en la puerta y nadie hace caso)* ¿Tú te acuerdas aquella vez que fuimos al Rockefeller Center?...I did not....who said that? I didn't smoke. *(Ríe)* That's a lie *(Tocan en la puerta de nuevo)* Oye, that was Paquito and Lourdes, they were the ones that were smoking and got high....Sí, bueno, de vez en cuando, you know...*Ríe, vuelven a tocar en la puerta)*. Mami, ¡ahí están tocando!
Aurelia: Roberto, están tocando la puerta.
Roberto: *(Lanza el periódico)* Coño, ábranla, o es que ustedes no tienen piernas. *(Va hacia la puerta, Aurelita sigue en el teléfono conversando con la amiga, y Aurelia sigue inmóvil frente al televisor)*. ¿Dígame, doña Ana, qué tal? ¿qué pasó?, pase...
Doña Ana: No, no, hijo, es que la ventana de mi cuarto no quiere cerrar ni arriba ni abajo, ¡y hace una clase de frío allá arriba! Me voy a congelar toda.
Roberto: Pero ¿porqué no me llamó por teléfono?
Doña Ana: Hijo, si lo he estado llamando desde las 7 de la noche,

pero su teléfono ha estado ocupado todo ese tiempo.

Roberto: Ah, si. Esa es...*(Señala hacia Aurelita).* Imagínese, mi hija hablando con las amigas. Bueno, yo subo enseguida doña Ana, en cinco minutos estoy allá arriba.

Doña Ana: Se lo voy a agradecer en el alma, Robertico. *(Se retira).*

Aurelita: *(En el teléfono)* Bueno, chica, esos son asuntos de ellos dos...that's up to them, I don't give a shit....si, y después dicen que una es chismosa.

Roberto: *(Cogiendo las herramientas)* Ahora tengo que ir a arreglar una ventana en el cuarto piso.

Aurelia: ¿Quién era?

Roberto: Doña Ana. ¿No me oíste hablando con ella?

Aurelia: Oye, ¿no le preguntaste si a su hija le mandaron la tarjeta del Medicaid?

Roberto: NO.

Aurelia: Pregúntale si la recibió.

Roberto: ¡Como joden esta gente!

Aurelia: ¿Qué le pasó?

Roberto: Dice que la ventana del cuarto no le cierra.

Aurelia: ¿Esa no es la ventana que tu le pusiste nueva?

Roberto: Sí, seguramente que por eso no le cierra, todo lo nuevo es una mierda....

Aurelita: Sí chica, todas esas cosas viejas son una porquería.

Roberto: *(Saliendo se detiene, mira a Aurelita y sale)* Vengo enseguida vieja.

Aurelia: Tápate la boca, ten cuidado con la nieve.

Aurelita: Don't worry, I'll call you as soon as I hear from him....sí, sí. Bueno Miriam, ten cuidado, he is scorpio. Los escorpiones son peligrosos, OK?....bueno, bye, bye, siii, adiós. *(Cuelga y se sienta al pie de Aurelia).*

Aurelia: ¿Quién era?

Aurelita: Miriam. Está saliendo con un muchacho nuevo, el tipo es escorpión.

Aurelia: Oye, esa niña cambia de novios como de blumers.

Aurelita: Está planeando un viaje a las montañas, para ir a esquiar. Me gustaría ir.

Aurelia: Eso es peligrosísimo. Siempre se están partiendo las piernas.

Aurelita: Esos son los que se tiran desde bien alto, pero si uno se tira poco a poco, no hay por que partirse nada.

Aurelia: ¿Y quienes van?

Aurelita: Un grupito del colegio.

Aurelia: ¿Y van solas?

Aurelita: ¿Cómo solas?

Aurelia: Solas, solas, que si van ustedes solas, ¿o van muchachos también?

Aurelita: Bueno, no, yo creo que van varias gentes, me parece que van unos cuantos muchachos...¿Qué tu crees?

Aurelia: Dícelo a tu papá. Tu sabes que yo no me opongo a que tu te diviertas. Pero tienes que tener cuidado, no vayas a partirte un hueso. Después la que se fastidia soy yo.

Aurelita: No te preocupes, mamá, no me partiré nada. *(Pausa)* ¡Que ganas tengo de que llegue el verano!

Aurelia: A mí me da lo mismo, total, si yo no salgo ni a la esquina, ni en invierno ni en verano...

Aurelita: Ustedes se deberían ir de viaje.·

Aurelia: ¿A dónde? No sé a donde vamos a ir.

Aurelita: Todo el mundo se va de viaje. Todo no puede ser trabajar solamente, ¿no?

Aurelia: ¿Quién mueve a tu padre de aquí? En el verano fuímos a los lagos y eso fue porque Enrique, el súper de al lado, embulló a Roberto.

Aurelita: Yo, si algún día tengo dinero, voy a viajar alrededor del mundo...alrededor del mundo. ¡Que bueno es tener dinero!

Aurelia: El dinero no es todo en la vida, mi hija. Fíjate en esa gente de dinero que había en Cuba. Tanto dinero y tanta cosa, ¿y de qué les sirvió?

Aurelita: Me gustaría ir al Brasil, a Italia *(Se para va hasta el televisor, lo sube un poquito y vuelve a sentarse)* ¿Cómo se llama la hija del súper de al lado?

Aurelia: De quien, ¿la hija de Enrique?

Aurelita: Si.

Aurelia: Carmen, Carmencita.

Aurelita: ¿Tú no me dijiste que ella se había ido de viaje?

Aurelia: Bueno, ella se fué de vacaciones a Puerto Rico, a visitar a su familia.

Aurelita: También me gustaría ir a Puerto Rico. Oh I would love to.

Aurelia: Dicen que se parece mucho a Cuba.

Aurelita: Iris, la amiga mia puertorriqueña, se va a pasar todo el verano este en Puerto Rico. Ella me enseñó unas fotos, parece un paraíso.

Aurelia: Dicen que las cosas no andan muy bien por allá tampoco.

Aurelita: *(Se estira y bosteza)* Ay mima, en ningun lado las cosas andan bien.

Aurelia: *(Levantándose)* Mañana tengo que volver a la oficina del Medicaid.

Aurelita: ¿Qué hora es?

Aurelia: *(Se escucha la música del noticiero de las once en la televisión)* Están dando las noticias, deben de ser más de las once.

Aurelita: *(Levantándose y estirándose)* Voy a acostarme. *(Besa a su mamá)*.

Aurelia: Que duermas con los angelitos, mi'ja.

Aurelita: OK, hasta mañana. *(Se va riéndose hacia el cuarto)*.

Aurelia: *(Preparando la cama)* Apenas baje Roberto, yo también me voy a acostar. *(Apaga el televisor)* Aurelita, traeme el cubrecama y las almohadas. *(Aurelita le trae las cosas para la cama. Regresa Roberto)*. Lograste cerrarle la ventana a esa señora.

Roberto: ¡Que va, parece que tiene el plomo de adentro trabado con algo!

Aurelia: ¿Y cómo va a dormir esa pobre mujer?

Roberto: La ayudé a llevar el colchón para la sala. Mañana iré a arreglarle la ventana. Voy a tener que desarmarla de nuevo.

Aurelia: ¿Hace mucho frío afuera?

Roberto: La acera está congelada, por poco me resbalo y me parto el alma.

Aurelia: Cuando se pone así es peligroso *(Roberto va hacia el refrigerador)*. A lo mejor en Miami se vive más tranquilo y sin frío.

Roberto: *(Por la ventana)* En cualquier parte se vive más tranquilo que aquí. Parece que algún gracioso se puso a joder con las bolsas de basura, las han regado todas. Que las recoja el viento.

Aurelia: ¿Te vas a acostar ahora?

Roberto: No, no tengo sueño ahora. Voy a ver un poco de televisión *(Bosteza)* A ver a quien mató el calibre 44 hoy.

Aurelia: Mañana tengo que ir a buscar la tarjeta de Medicaid.

Roberto: Mañana es miércoles. Tengo que limpiar las escaleras mañana. *(Se sienta en una de las butacas a ver la TV)*.

Aurelia: *(Buscándole conversación)* ¿Qué quieres que cocine?

Roberto: La carne está cara, más cara que nunca. Haz bistec.

Aurelia: ¿Con arroz blanco o con congrí?

Roberto: ¿Ahí hay plátanos?

Aurelia: Creo que sí *(Media coqueta)*.

Roberto: Haz tostones.

Aurelia: A ti te gustan bien verdes, y están pintones.

Roberto: Entonces hazlo con congrí. *(Medio enfadado)*.

Aurelia: Los frijoles que hay ahí no son muy buenos para componer.

Roberto: Bueno chica, hazlo con arroz, y si no hay arroz, hazlo solos entonces.

Aurelia: ¿No te tienes que poner bravo por eso, no?

Roberto: No estoy bravo.

Aurelia: ¿Por qué me contestas así?

Roberto: Estoy tratando de oír lo que dicen en la película.

Aurelia: Tú no entiendes inglés *(Enfadada)*.

Roberto: Entiendo a veces lo que dicen. Cuando hablan despacio. Burt Lancaster siempre habla despacio.

Aurelia: ¿Esa película es de Burt Lancaster?

Roberto: *(Poniéndole mucha atención a la TV)* No.

Aurelia: ¿Quienes trabajan en la peliculita?

Roberto: ¿Qué?

Aurelia: ¿Que quienes trabajan en la peliculita?

Roberto: Abbot y Costello...

Aurelia: ¿Quienes?

Roberto: Abbot y Costello. El gordo y el flaco, ¿no me oyes?

Aurelia: Debe de ser bien vieja la peliculita.

Roberto: Sí, si ya la he visto como diez veces.

Aurelia: ¿Y para qué la ves de nuevo? *(Se voltea y le da la espalda)*.

Roberto: Porque me la sé de memoria, por eso sé lo que dicen.

Aurelia: *(Enojadamente)* Hasta mañana *(Apaga la luz de la lámpara)*.

Roberto: *(La mira de reojo, bosteza, se estira)* Hasta mañana vieja.

Las luces van disminuyendo, se escucha el televisor hasta llegar al total.

A P A G O N

C U A D R O 5

La misma escenografía, todo aparece recogido excepto un par de butacas viejas que aparecen en escena como si fueran encontradas reciéntemente.

Roberto aparece solo en escena, Aurelia está en el baño pero el público no lo sabrá hasta que ella no salga del mismo, con la cabeza mojada. Roberto toma leche.

Roberto: *(Roberto con la gorra puesta. Acaba de venir de la calle. Coge un container de leche).* Que va, hay que irse pa' Miami. Es imposible continuar viviendo de este modo... Han botado una cantidad de basura, yo no sé de donde sacan tanta basura esta gente. 32 bolsas de basura; 32. Ni que esto fuera una factoría... Han formado un reguero en la acera... esos muchachos son unos perros, yo no sé donde están los padres de esos muchachos... ya se puede ver que van por un rumbo equivocado, son de carne de presidio... ladrones, mariguaneros, asaltantes... aspirantes a todo éso... han regado la basura en toda la acera... "Roberto mire como han regado la basura en toda la acera los muchachos"... ¿Por qué no la recogen ustedes?... Ah, no, claro, yo soy el Súper, el criado, yo soy el que se tiene que embarrar las manos de mierda... Pasó la Navidad y solamente la gente del 27, Doña Dora y Cucu me diero un aguinaldo y pa' eso, me dieron un par de medias que ni me sirven... Esas medias son para niños o para enanos. Nadie se acordó del Súper. Ah, pero éso sí, cuando se rompe una ventana, "Robertico, mira la ventana no me cierra".... "Roberto que frío hace. ¿No hay calefacción?" "Roberto mire, que esta gente ensucian las escaleras." "Roberto, ¿cuando va a arreglar el ascensor?". Roberto pa'ca, Roberto pa'allá y llego la Navidad y solamente Doña Dora, la gente del 27 y Cucu... Cuco porque es amigo de la casa, sino, ni éso. Hay que irse para Miami. A Cuba no nos podemos ir. Hay que irse de aquí. En Miami es diferente. *(Se sienta)* Que cansado estoy de recoger basura y de limpiar gargajos. ¿Quién me lo iba a decir? De distribuidor de billetes de la Lotería Nacional a limpia pisos. Si yo sé ésto, me hubiera quedado en Cuba, total allí se corta caña, sí, pero es Cuba, aquí hay que palear nieve, limpiar pisos, lavar platos, aguantarles las humillaciones a una partida de albinosque que le hablan a uno en gerigonza. *(Apaga la televisión)* Bueno lo único que aquí se le puede cagar hasta en la madre del presidente, la abuela, los tíos, que a ellos no les importa, mientras uno no les tumbe un dóllar, todo está bien para éllos. *(Gritando hacia la ventana)* Me cago en la madre de Carter, de Nixon, de

40

Ford. Eso a ellos no les importa y queman hasta su propia bandera. Fíjate si están locos que queman su propia bandera, y esos chiquitos con los pantalones asquerosos, con un hoyo en el fondillo les pegan un parche con la banderita americana. Eso sí es una falta de respeto, falta de patriotismo. Aquí uno vive de milagro. Fíjate en el asesino ese "el hijo de Sam", fórmula 44, o como le llamen, y no se deja agarrar el muy cabrón. *(Un poco más calmado sentado en la mesa).* En Cuba por menos que éso dan paredón. *(Pausa)* Allí sí que uno no se puede cagar en la madre de Fidel, porque termina uno cagándose en el paredón. Mira que darle paredón a uno por cagarse en el hijo ese de mala perra. *(Se para en la ventana del medio)* Bueno, aquí por lo menos no le dan silla eléctrica a uno por insultar al presidente. La mafia sí, esos sí que te pasan por la navaja sin pensarlo dos veces y dicen que los de la CIA también. Todo lo que pasa aquí le echan la culpa a la CIA, y ¿quién es la CIA? Todo el mundo es la CIA. Seguramente que fue la CIA quien me regó la basura en la acera. *(Pausa)* Que va ésto no puede seguir. La vez que se fue la luz en Nueva York, eso da hasta verguenza recordarlo. Da verguenza que en la capital del mundo la gente sea tan incivilizada, robos, asaltos incendios, la cuidad apagada y los salvajes acabando hasta con los clavos. Yo hubiera declarado estado de sitio y candela con el que hubiera cogido robando. *(Roberto enloquecido va para el sillón de la derecha)* Que va yo me voy a volver loco, si sigo metido en esta cueva. Ya estoy cansado de inspectores y de bomberos, de inquilinos de mierda de perro. Ya estoy cansado de estar cansado. Coño me van a volver loco esos muchachos. *(Aurelia sale del baño).*

Aurelia: ¿Roberto, tu estás hablando solo?
Roberto: Tú me estabas oyendo ¿no?
Aurelia: Con esa gritería, claro que te estaba oyendo.
Roberto: Entonces no estaba hablando solo, hablaba contigo. Esos muchachos me van a volver loco.
Aurelia: ¿Qué pasó? ¿Rompieron otro cristal?
Roberto: Yo quisiera que tu vieras como han regado la basura en la acera. Hay 32 sacos de basura, rompieron cuatro y se ha formado un reguero de latas de sopas y de cerveza y cascarones de huevo, y el frío que hace es de película. Yo no voy a recogerlo.

Aurelia: Ahora en cuanto me seque el pelo yo lo recojo.

Roberto: No seas boba que lo recoja el viento. O si éllos quieren que la recojan ellos mismos...

Aurelia: Bueno hay que darse cuenta que hacen tres días que la basura no la recogen.

Roberto: Esos también son unos descarados. Yo no se en esta cuidad nadie quiere trabajar. Si fuera la casa del alcalde vendrían tres veces al día, pero como por aquí nada mas somos hispanos, a éllos que les importa que los ratones nos coman vivos.

Aurelia: Bueno Roberto cálmate que te voy a servir la comida, no te pongas a dar vueltas ahora que se te enfría.

Roberto: ¿Qué cocinaste? *(Va para la mesa).*

Aurelia: Garbanzos con chorizos y arroz blanco.

Roberto: Hacía tiempo que no cocinabas garbanzos.

Aurelia: A Aurelita no le gustan.

Roberto: Yo no sé lo que le gusta a esa chiquita. Yogurt y ensalada de frutas, por eso es que está tan flaca.

Aurelia: Tú sabes que esa es la moda, mientras más flaca más gusta. Ella tiene una figurita muy bonita, así era yo antes de casarme.

Roberto: Sí, pero tu siempre tuviste por donde agarrarte.

Aurelia: Los cuerpos en Cuba eran diferentes.

Roberto: A mi que me den carne, vieja, yo de huesos no quiero saber. ¡Que va!

Aurelia: Pues mira, mi vida, hoy te tocó chorizo *(Apartándose de él).*

A P A G O N

C U A D R O   6

(Aparece Roberto preparando la mesa para un partido de dominó. Suena el timbre de la puerta, Roberto va a abrir).

Roberto: ¿Eh, y qué? adelante, coño, mira que hacía díás que no te veía.

Cuco: ¿Qué pasa? ¿Estás más flaco? ¿Aurelia no te está alimentando bien?

Roberto: Si por Aurelia fuera estuviera como un lechón. La paleadera de nieve y el sube y baja de las escaleras ahora que el ascensor está roto.

Cuco: Bueno, ahora se usa el no engordar. *(Va hacia la sala y se sienta)* fíjate en mi, mira, in the line.

Roberto: ¿Y como están Claudia y los muchachos? *(Va a arreglar la mesa)*

Cuco: Claudia, ahí, como siempre, con su máquina de coser y sus novelas y los chiquitos creciendo y engordando. A Claudita la pasaron para el segundo grado.

Roberto: Que bueno que te ha salido inteligente.

Cuco: ¿Y Aurelia y Aurelita?

Roberto: Aurelia está de lo mas bien, ahorita viene y Aurelita como siempre bien, hecha una callejera, en casa de sus amigas. ¿Qué hora tu tienes?

Cuco: Yo tengo las siete y media pero tengo como ocho minutos de adelanto.

Roberto: Coño, y se lo dije a todo el mundo que estuvieran aquí a las siete.

Cuco: Hora cubana viejo, tú sabes como es éso...

(Roberto sigue arreglando la mesa y Cuco se sienta en la sala)

Roberto: Ven para acá. Cuéntame de tu hermano Guillermo. ¿Qué han sabido de él?

Cuco: Bueno, tú sabes que él sigue preso, lo trasladaron para otra prisión ahora, y los muy cabrones no le quieren decir a mamá para donde lo han mandado. Como quiera que sea la cárcel de Boniato está más cerca de Santiago. A mamá la dejaban ir a verlo dos veces al mes. Ahora sabe Dios.

Roberto: Oí decir que ahora hay más provincias, dicen que ahora hay como quince. *(Se va para la nevera)*.

Roberto: Ya Fidel no sabe que hacer para joderle la vida a los cubanos. *(Suena la puerta)* Hazme el favor Cuco mira a ver si son esa gente. *(Cuco va hacia la puera abre y entran)*.

Cuco: ¡Vaya, mira quién está aquí!

Roberto: Media hora tarde. *(Sigue colocando las cosas)*.

Cuco: El boricua de oro.

Roberto: Coño, tocallo, ¿cómo está usted? *(Va a saludarlo)*

Boby: Este frío me tiene reventao. ¿No hay un cafecito?

Roberto: El cafecito viene después, pero te puedes ir calentando con un palito de Bacardí.

Cuco: Bacardí puertorriqueño.

Boby: No es el mejor, pero venga de ahí.

Roberto: Oye Boby, ¿tu oiste la noticia de lo que dijo Ford, hace unos meses?

Boby: ¿Qué? Que le van a aumentar los salarios a todos los Sú-

43

pers de New York?

Roberto: No, en serio, dijo el radio que Ford habló sobre las posibilidades de convertir a Puerto Rico en un Estado de Los Estados Unidos y Carter no se opone.

Boby: Total, para como estamos ahora, da lo mismo.

Cuco: Sí, pero si se hacen estado, entonces pueden votar por el presidente, ¿No?

Boby: ¿De qué sirve votar por el presidente? el problema de Puerto Rico no lo va resolver ni el présiden ni nadie. El problema de Puerto Rico es de nosotros mismos. *(Cambiando el tema)* ¿Y Aurelia, donde está?

Roberto: Ahorita viene.

Cuco: Dime Boby y ¿tú que crees de la independencia?

Boby: Depende. El maestro Albizu Campos era pro independencia también, al igual que para ustedes era Martí. ¿No? Bueno yo creo en ellos dos.

(Suena el timbre Roberto se levanta a abrir la puerta)

Roberto: Ahí debe de estar Pancho.

Pancho: No me digas nada, me acaban de llamar de Miami. Le acaban de hacer un atentado a un líder anti-castrista, en Costa Rica *(Viene entrando)* tú te imaginas éso... nos tienen miedo eso es lo que pasa, nos tienen miedo.

Roberto: Yo oí algo de eso en el radio.

Pancho: ¿Ya dieron la noticia, cómo es posible chico?

Roberto: Tus contactos están un poco retrasados... Ponte cómodo.

Pancho: ¿Y qué mi gente? *(Va hasta la mesa)*

Boby: *(Se dan la mano)* ¿Cómo está?

Cuco: *(Se dan la mano)* ¿Qué dice el guerrillero?

Pancho: Hace un frío tremendo en la calle.

Boby: Ayer hacía más frío, hoy no hace tanto viento.

Roberto: Siéntate vamos a meterle mano al partidito a ver si desempatamos.

Cuco: Tu juegas con Boby y yo con Pancho. Ok. *(Se cambian las sillas Boby y Pancho)*

Boby: Los dos Robertos juntos, los vamos a acribillar.

(Cuco riega las piezas y las reparte. Irán conversando según se vaya desarrollando el juego. Improvisan un poquito).

Roberto: No te apures en lanzar Boby que me han caído las buenas.

Pancho: Salgo yo.

Roberto: Dale.

Pancho: Para que no se quejen. *(Juega)*

Cuco:	Debimos haber hecho un poquito de café. *(Y juega)*
Roberto:	Ahorita lo hacemos.
Pancho:	Coño. No hemos empezado y ya vas a pedir café.
Cuco:	Toma, date un trago.
Pancho:	No, yo no tomo ron.
Cuco:	¿Desde cuando al río no le gusta el agua?
Pancho:	Hace unos cuantos días dejé de tomarlo, no me estaba haciendo bien.
Boby:	Paso.
Roberto:	Agarra... Oye Boby, trata de no pasar.
Boby:	Que tu crees, estoy tratando...
Pancho:	Anoche fui a ver King Kong.
Roberto:	¿Qué tal estuvo?
Pancho:	Una mierda, yo no sé hasta cuando estos americanos van a estar engañando al público con sus películas.
Roberto:	¿Para qué la fuiste a ver?
Cuco:	La del tiburón, si que estuvo buena.
Boby:	Jaws, si ésa sí que estuvo buena.
Cuco:	Yo hubiera querido ser ese tiburón para comerme a la rubia que nadaba en la playa.
Boby:	¿Cuál? ¿La gordita?
Cuco:	No, viejo, la flaca, al comienzo de a película.
Pancho:	A mi no me gustan las películas de relajo, pero los otros días he visto una, coño si ustedes ven eso... ¡Qué cuerpazo, ¡qué caderas... qué labios!, chico.
Boby:	Debe haber sido la mujer de King Kong. *(Ríen)*
Cuco:	¿Ustedes vieron la comedia ésa que hicieron en Miami. "A mi que me importe que explote Miami"?
Roberto:	Yo la vi, fui con Aurelia, no nos gustó tanto. Tú sabes la que si estaba muy buena era la españolita que sale en trusa.
Cuco:	Sí, tú te fijaste, que jeba más rica, chico. *(Se da un trago)*
Pancho:	A mí las películas que me gustan de verdad, son las películas de guerra.
Boby:	A mí, las que dan en el Radio City.
Pancho:	La última película de guerra que vi, ¡Coño!, yo quisiera que ustedes vieran, qué batalla, los nazis se estaban quedando sin gasolina y los americanos también, entonces uno de los capitanes se encaramó en un tanque y los dejó caer por una loma hacia abajo. Catapung. Tremenda explosión.
Roberto:	Dale, te toca a ti Pancho.

Pancho: Yo paso... Volaron todos los barriles de gasolina.

Boby: Esos nazis eran del carajo.

Pancho: Eso me recuerda cuando nosotros estábamos en la invasión.

Cuco: Ah, Pancho, no empecemos.

Pancho: Empezamos a avanzar hacia los milicianos. Nos pusieron como 20 barriles de gasolina en el medio y nosotros avanzando.

Cuco: ¿Tú ibas en el tanque?

Pancho: No, yo estaba en la playa con el radio.

Roberto: Juega tú, Boby.

Pancho: No teníamos aviación y así mismo dimos una lucha que fue del carajo.

Boby: Bueno, yo no sé, pero a mí me dijeron que la mayoría de los invasores de Bahía de Cochinos no dispararon sus rifles.

Pancho: ¿Quién te dijo ese paquete, chico?

Roberto: Juega tú Pancho. *(Le sirve ron a todos)*

Pancho: Eso es mentira, hubieron algunos que no dispararon porque tenían otros trabajos, pero la mayoría, eran corajudos, se batieron como héroes, fuego con ellos.

Cuco: *(Le hace una seña a Boby, como que le están tomando el pelo a Pancho)* ¿Y tú disparastes?

Roberto: Juega tu ahora, Boby. *(Se da un trago)*

Pancho: Claro que disparé, y si no disparé más, fue porque yo estaba encargado del radio, si no, olvídate, fuego con ellos, coño, fuego con ellos.

Cuco: Bueno, ¿Y tú caíste preso con los demás? *(Se da un trago)*

Pancho: ¿Yo?...no, yo me salvé, *(Con dramatismo)* me escapé en un botecito de remo bajo tremendo bombardeo, imagínate tú que Fidel Castro mismo me estaba disparando desde un tanque.

Roberto: *(Perdiendo la paciencia)* Juega, Pancho.

Pancho: Después de naufragar, solo y perdido, un guarda costa americano me recogió, sin comida, sin agua, sin una brújula. Yo sí que pasé trabajo.

Boby: Todo éso está bien, pero yo no hubiera huído.

Cuco: Eso es traición, ¿no? *(Se da un trago)*

Roberto: Juega, Cuco. *(Se da un trago)*

Pancho: Que coño traición, ni traición, no había por donde salir, por donde único me podía salvar era yendo hacia el mar. Hacia adelante estaba el cañoneo.

Boby: *(Medio embriagado)* En Korea, en Korea nosotros nos hacían avanzar bajo bombas, tiros, yamas, y to' el mundo pa' lante, nadie podía huir. *(Le sirve ron a todos)*.

Pancho: Un momento, yo no huí. Yo fui a avisarle a los yanquis para que nos enviaran apoyo aéreo.

Cuco: Ahí es donde está el detalle, los yanquis, los yanquis, los yanquis para comer, los yanquis para pasear, los yanquis para vivir, los yanquis para cagar.

Pancho: Ellos eran nuestros aliados, ¿qué íbamos a hacer?

Roberto: *(Bien enfadado)* Juega Pancho.

Boby: Cualquier cosa menos huir. Lo que tú hiciste fue abandonar el campo de batalla sin el permiso de un oficial. *(Se da un trago)*.

Pancho: Que oficial ni oficial, si todo el mundo estaba a, sálvense quien pueda. Yo me fui a buscar ayuda.

Boby: Yo no sé, pero a éso se le llama traición. Aquí te hubieran dado una Corte Marcial.

Pancho: *(Se para enfadado)* Traición no mi hermano, coraje para hacer una decisión como ésa.

Cuco: *(Le guiña un ojo a Boby)* Coño, pero todo el mundo se rindió.

Pancho: Eso es propaganda comunista.

Roberto: Eso no es ninguna propaganda porque yo estaba en Cuba, cuando la invasión, y ví a todo el mundo capturado.

Pancho: ¡Aaah! capturado sí, tú dijistes capturado. Capturar es distinto a rendirse. Nuestros hombres fueron capturados ellos no se rindieron.

Roberto: Coño, ¿pero sin tirar un tiro?

Pancho: Algunos tal vez no tiraron, pero tuvimos los pantalones bien puestos para lanzarnos contra todo un ejército.

Roberto: Bueno, mira Pancho, yo te voy a ser sincero, yo era miliciano porque sino me botaban del trabajo, ya yo estaba en contra del régimen. Muchos de los que fueron en los batallones de milicianos para Playa Girón, estaban en contra del régimen también. Pero tú sabes lo que pasó, al ver que ustedes los invasores no echaban para alante, no nos quedó más remedio que seguir peleando junto a Fidel. Sino, mira *(Hace la señal del desguello)* paredón pa'to e' mundo.

Pancho: ¿Y qué tú me quieres decir con éso?

Roberto: Que si ustedes hubiesen peleado un poquito más fuerte, ahora no estuviéramos aquí, jugando dominó, y hablando tanta mierda.

Cuco: Bueno señores, déjenme decirle una cosa. Yo creo que mucho de los que estuvieron en la invasión fueron a batirse de verdad, como buenos patriotas. Pero hubo un buen grupo que pensaron que en Cuba los iban a recibir con banderas y flores. No hay duda que la mayoría de los invasores de la 2506, se batieron como héroes, y yo brindo por éllos.

Pancho: Gracias Cuquito. El problema fue el apoyo aéreo; eso fue todo, el apoyo aéreo. Se lo pedimos cuarenta veces. Pero nos dejaron solos, nos embarcaron, éso sí fue una traición.

Roberto: *(Enojado)* Bueno, ¿vamos a seguir hablando mierda, o continuamos el partido? *(Todos lucen perdidos y medio borrachos)*

Cuco: ¿Quién juega?

Roberto: ¿No te toca a tí, Boby?

Boby: No, no me toca a mí.

Roberto: ¿Entonces quién juega?

Boby: ¿Yo que sé quién juega?

Roberto: ¿Y tú, Pancho?

Pancho: Traición, mira que llamarle a éso traición.

Boby: *(Se para)* Vengan acá señores, cada vez que nosotros nos juntamos para echar un partido de dominó tiene que ser para hablar de la invasión de Pancho.

Pancho: ¿Y de qué tú quieres que hablemos chico? ¿de Yacaco, o Yauuco, o como se llame el pueblo ese donde tu naciste?

Boby: Yo no les hablo a ustedes de las guerras nuestras, cuando la masacre de Ponce o del grito de Lares, o de cuando atacamos el congreso a tiros. Yo nunca les hablo de eso.

Pancho: Pero si eso a nadie le interesa, mi hermano.

Boby: ¿Y lo que tú cuentas? ¿Tú crees que eso le interesa a alquien? Eso solamente les interesa a ustedes. los cubanos.

Pancho: Tú estás equivocado Boby. Cuba es un problema del mundo. La problemática cubana, no es problema local que solamente le interesa a los cubanos.

Roberto: Bueno Boby , espérate un momento. Vaya, yo sé que Puerto Rico tiene un problema, y que es bastante serio, de éso no hay duda. Pero no me lo compares con el problema de Cuba. Fíjate tú, si el problema de Cuba es internacional, que los cubanos están colado donde quiera. En Viet-nam, en el Líbano, en Angurria...

Pancho: Angola, Angola.

Roberto: En Angola, como se llame, en el medio oriente, hasta en Alaska, chico.
Cuco: Y en Jamaica y en Guayana también.
Roberto: Y en toda Africa, eh, mira a ver.
Pancho: No, ¿y qué tú me dices de todos los países de América Latina? Donde quiera hay un cubano infiltrao.
Boby: Sí, eso no me lo tienes que jurar, eso yo lo sé, en Puerto Rico hay como 25,000 cubanos infiltrados, ¡y como chavan!
Pancho: ¿Como qué?
Boby: ¡Como JODEN!...
(Todos se ríen)
Cuco: *(Con el vaso en la mano)* Brindemos por los jodedores.
Roberto: *(Con la botella en la mano)* Brindemos coño.
Boby: Por los cubanos jodedores.
Roberto: Brindemos coño.
Pancho: Por la libertad.
Roberto: Brindemos coño. Por la salud, por las mujeres, por, por...
Cuco: Por el dinero.
Roberto: Espérate, espérate, por el dinero y por todos los súperes de Nueva York.
Cuco: Los puertorriqueños y los cubanos.
Boby: Brindemos.
Pancho: Y por los dominicanos.
Roberto: Coño, verdad que sí, también son buenas gentes.
Boby: Por todo el mundo, chilenos, mejicanos, argentinos, colombianos, peruanos...
Cuco: Venezolanos, ecuatorianos y costarricenses.
Boby: Mejicanos...
Roberto: Ya dijiste mejicanos...
Pancho: Hondureños, salvadoreños, panameños.
Roberto: Por todos los eños... ¡ah! y guatemaltecos y nicaragüenses.
Cuco: Y por los paraguayos, que a los pobres nunca los mientan.
Boby: Y por los brasileños.
Roberto: Esos no hablan español, coño.
(Todos van cogiendo más impulso, a la vez que se van notando más borrachos.)
Cuco: Pero son hispanoamericanos, que diga, latinoamericanos.
Boby: Pues por los haitianos.

Pancho: Y los urugüayos y los bolivianos.

Roberto: Y por los chilenos.

Boby: Aguanta, aguanta, esos fueron los primeros que yo mencioné.

Roberto: Pues por Allende, o por Pinochet.

Pancho: Pinochet, Pinochet...

Boby: Por ninguno de los dos, por Lucho Gatica. *(Se da un trago).*

Roberto: Y por Boby Capó y Daniel Santos.

Cuco: Por Miguel Aceves Mejías.

Pancho: Por Carlos Gardel.

Roberto: Por Fernando Albuerne y Ñico Membiela.

Boby: Por Roberto Ledesma y Gilberto Monroig.

Pancho: Por dos bravas, Olga Guillot y Celia Cruz.

Cuco: Bueno y yo brindo por la bárbara, la más bárbara de todas las bárbaras.

Roberto: ¿Bárbara Walter?

Cuco: No, por la bárbara de verdad. Por Iris Chacón.

Boby: ¡Qué bárbara!

Roberto: Yo también brindo por esa bárbara.

Pancho: Y yo también, dame un trago. *(Todos se sirven un trago).*

Cuco: Brindemos todos por la bárbara. A la una, a las dos, y a las tres.

Todos: Por Iris Chacón.

(Todos se paran, Boby se sube en la silla, cuando todos están brindando, en ese mismo momento entra Aurelita. Todos se sorprenden).

Aurelita: *(Con las manos en la cintura)* ¿Qué pasó con Iris Chacón?

(Todos tratan de disimular).

APAGON

CUADRO 7

Es de noche. Aparecen Aurelia y Aurelita. Aurelia se pasea por detrás del sofá cama, Aurelita llora sentada en la butaca.

Aurelia: Pero Aurelita, tantas veces que yo te he dicho que me cuentes tus cosas, tus intimidades. Yo soy mujer igual que tú, hija, y tengo 39 años de experiencia, 39 años de la vida... Tu nunca has confiado en mí. ¿Cómo te dejaste hacer éso?

Aurelita: *(Llorando entre sollozos).* No sé, yo no sé, no quiero saber nada.

Aurelis: Pero dime hija, ¿quién fue ese degenerado?

Aurelita: No sé, yo no sé quien habrá sido.

Aurelia: ¿Cómo? ¿cómo no vas a saber? ¿Acaso tú lo has hecho con más de uno?

Aurelita: *(Llorando, acierta con la cabeza).*

Aurelia: *(Bien enojada y gritando)* Pero tú me vas a decir, ¿que tú te has dejado hacer éso por más de uno? ¿Qué clase de hija yo estoy criando Santa Bárbara bendita? Pero si tú solamente tienes 17 años y yo hasta los 23 no llegué a hacer nada, cuidé mi virginidad hasta los veintitres años. Tú te crees que no estuve tentada. Cuantas fueron las noches que me acostaba llorando por no poder hacer nada con Roberto. Pero la voluntad, ay, la voluntad y la buena enseñanza me ayudaron a aguantar hasta los veintitres. Y tú con sólo 17 años te entregas así como así a cualquier pelagato. Aurelita, y para complicar más la jodienda, de contra sales en estado. ¿Por qué tu nos haces éso? ¿Por qué?

Aurelita: *(Sollozando)* ¿Qué vamos a hacer mami?

Aurelia: ¿Yo que sé, qué vamos a hacer? Yo nunca he tenido un hijo en este país, Dios me libre, y tu sin embargo naciste en Cuba, tu papá y yo somos cubanos, te hemos enseñado nuestra religión, nuestras costumbres, tú lo sabes bien. ¿Cómo diablo lo hicistes? Dime, ¿cómo lo hiciste?

Aurelita: *(Se para y va hacia el sofá donde se encuentra Aurelia sentada)* Estábamos en un party y todo estaba bien oscuro, entonces yo...

Aurelia: *(Casi pegándole una bofetada)* Cállate la boca, no te atrevas a contarme como lo hiciste. *(Corta pausa)* Bueno, a ver, ¿con quién lo hiciste?

Aurelita: *(Sollozando)* Yo solamente lo he hecho con dos muchachos. Jimmy y Alberto.

Aurelia: ¿Alberto?... ¿El grandulón ese que te vino a buscar aquí las otras noches?

Aurelita: Sí, ese mismo.

Aurelia: Pero, ¿cómo tan pronto? Ya estás...yo no me explico. Solamente hace una o dos semanas...

Aurelita: *(Sollozando)* Hace como un mes que él y yo hicimos éso.

Aurelia: Pero si ese sinvergüenza se parece a King Kong, mide como 7 pies ese degenerado. Ay, no, yo no quiero pensar en éso. Eso es una brutalidad. Dime ¿quién es el otro? Ese tal Jinni o Jimmy, como se llame.

Aurelita: Ese es el maestro de Gym.

Aurelia: ¿El maestro de qué?

Aurelita: De gimnasio, él es un instructor del gimnasio.

Aurelia: ¿Y qué edad tiene ese hijo de la gran... bretaña?

Aurelita: Tiene como 25 años pero luce más joven.

Aurelia: Bueno, dime, ¿y de dónde es ese maestrico? ¿Americano no?

Aurelita: Sí, es americano.

Aurelia: Sí, claro. ¿Blanco o negro, chino, o qué? *(Aurelita sigue sollozando y no contesta)* Dime, ¿no me oyes, qué es lo que es? ¿blanco, negro, o qué?

Aurelita: *(Llorando más alto)* Es regular.

Aurelia: ¿Cómo que regular? ¿qué tú me quieres decir, con regular? ¿Un medio negro americano? *(Aurelita acierte)* No me digas que es un mulato americano. *(Aurelita acierte)* Ay mi madre. Pero Aurelita, ¿cómo tú nos haces éso? Santa Bárbara, tú nos has abandonado, Dios mio. *(Va hasta el refrigerador y se sirve agua, en eso entra Roberto)*.

Roberto: Eh, ¿qué pasó aquí? *(Va hacia Aurelita)* ¿Por qué lloras Aurelita?

Aurelia: Ni preguntes Roberto, ni preguntes que te vas a quedar privado.

Roberto: ¿Pero díganme, qué pasó? ¿Qué pasó Aurelita? ¿Por qué estás llorando mi hija?

Aurelia: Roberto, ven para acá *(Van hacia el comedor)* Siéntate, quítate el abrigo y escúchame, no te exaltes.

Roberto: Está bien, ¿dime qué pasó?

Aurelia: No te asustes, cálmate.

Roberto: Coño, pero si yo estoy calmado, acábame de decir que fue lo que pasó. Aurelita dímelo tú...

Aurelia: No, no, yo te lo digo. Aurelita ya no es señorita.

Roberto: *(Roberto se queda mirando a Aurelita fijamente sin decir nada)*.

Aurelia: Fíjate Roberto, con 17 años se ha atrevido, lo ha hecho con dos, ¿tú te imaginas?. Un tal Alberto que parece un gigante, ¿te imaginas? ¿con el cuerpecito que ella tiene? *(Roberto continúa inmóvil)*. Y un tal Jimmy, fíjate tú

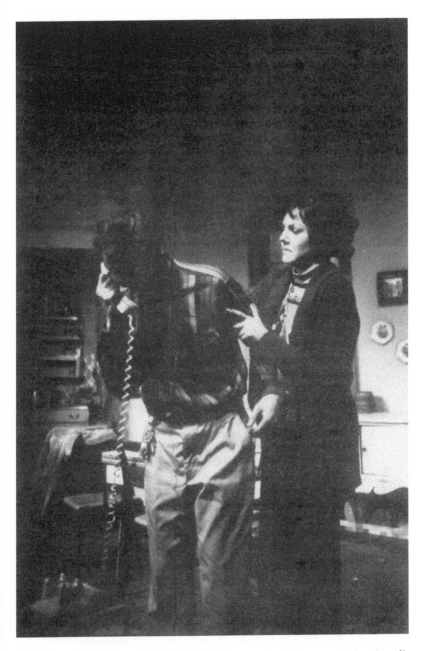

Mi madre se murió y por los comunistas no la pude ver morir, Aurelia.

Roberto, maestro de Educación Física; tremenda educación física me le ha enseñado a la niña. No, y aquí no termina la historia. El muy degenerado es un prieto americano, con lo bruto que son. *(Roberto respira profundo, aguantando su ira).* Y ahora Roberto sujétate del asiento, dice ella, que el médico de la escuela le dijo que está en estado.

Roberto: *(Levantándose violentamente)* Cochina, coño, ¿cómo tú nos haces eso?

Aurelia: *(Aurelia corre detrás de él para aguantarlo)* Roberto, Roberto espera, no la toques.

Aurelita: *(Llorando en voz alta)* Pégame papá, anda, mátame, eso es lo que quiero, morirme, mátame, mátame, anda. *(Aurelia sujeta a Roberto por un brazo, todos gritan a la vez. En eso suena el timbre del teléfono).*

Roberto: *(Contestando el teléfono)* Oigo. Sí, jole, jole. Aurelita mira ver, es en inglés.

Aurelita: *(Corre hasta el teléfono)* Hello, yes, this is his home, oh, yes, yes. From Cuba you said?. Pipo, es para tí, es una llamada de Cuba.

Roberto: *(Corre desesperadamente hasta el teléfono)* Oigo, sí, sí, coño Ramón, mi hermano, no lo puedo creer. Es Ramón, Aurelia, desde Cuba. 13 años sin oír tu voz. *(Ríe de contento)* Oye y ¿cómo están por allá? Lola y los muchachos. ¿Cómo les fue la mudanza? ...que bueno. Oye, mi hermano, y ¿cómo está la vieja?...habla más alto que no te oigo. ¿Que cómo está la vieja?...¿cómo?...no, no puede ser...¿mi vieja?...¿pero cuándo Ramón?... *(Casi llorando)* Pero ahora es que tú me llamas mi hermano...no, nosotros no hemos recibido ningún telegrama de ustedes... hace más de tres semanas recibimos la última carta. ¿Pero tú me estás hablando en serio Ramón? *(Llorando amargamente)* Hace una semana que la enterraron...y no la pude ver...mi viejita. Yo sé que ella me quería ver. Esos canallas nunca le quisieron dar el permiso para que saliera por España. Ellos la pudieron dejar salir, me le negaron la salida... Malditos todos, malditos, coño, malditos una y mil veces. *(Gritando)* Fidel y su madre, y los yanquis, y la madre de los rusos y tú también, todos son unos malditos. *(Cuelga el teléfono y continúa llorando).* Mi vieja se ha muerto y yo no la he podido ver. Todos son unos canallas. Asesinos, inhumanos.

SEGUNDO ACTO

*(Aurelia corre hacia él y lo abraza, ambos lloran abraza-
dos. Aurelita también va hacia ellos y se abraza a los
dos. Se escuchan los sollozos de Roberto y las luces van
apagándose rápido).*

A P A G O N

SEGUNDO ACTO

C U A D R O 1

*(Este cuadro se hará de manera que luzca como una
película en cámara lenta. Todos los movimientos se harán muy medidos. Se utilizarán efectos de sonidos, como por ejemplo: sonidos de ruedas de tanques de guerra, rastrilleo de rifles, cadenas, rejas, ruidos de maqui-
narias y finalmente parte de un discurso en la voz de Fidel Castro).*

*Las ventanas estarán iluminadas por fuera con fuertes
luces rojas. Adentro se iluminará con una luz tenue
azul.*
*Aparecen Roberto y Aurelia acostados en el sofá cama.
Por la ventana de la izquierda se ven pasar lentamente a
Pancho, Cuco y Boby. Los tres visten trajes de milicianos. En el sonido se escucha la voz de Aurelia:*

Voz de Aurelia: Roberto, Roberto, oye, ahí están tocando. Roberto, Roberto, están tocando en la puerta. *(Aurelia se va
incorporando lentamente)* Roberto, Roberto, ahí están
tocando la puerta.

Voz de Roberto: ¿Qué pasa Aurelia, qué pasa? ya voy, ya voy *(Roberto comienza a incorporarse lentamente)* ¿Qué pasa
Aurelia, qué pasa? ya voy, ya voy. *(Roberto se va paran-
do de la cama, se dirige lentamente hacia la puerta. Se
van escuchando distintos efectos de sonidos los cuales
acentúan los movimientos lentos de los personajes. Roberto llega a la puerta y la abre. Entran Pancho con una
pistola en la mano, Cuco, con un palo, y Boby, con una
metralleta. Ofelia se ve aparecer por la ventana también
vestida de miliciana. Se sienta en los escalones del lado
de afuera de la ventana).*

Voz de Roberto: Boby, Pancho, y tu Cuco, ¿por qué me hacen ésto?

(Entre los tres llevan a Roberto hasta la mesa, lo acuestan y lo comienzan a torturar).

Voz de Roberto: Aurelia vieja, tenemos que irnos de Cuba, ésto no sirve, ahora somos más pobres que nunca. Fidel nos ha engañado. Vamos a escaparnos en un bote.

Voz de Aurelia: ¿Roberto, tú lo has pensado bien? Roberto, ¿tú lo has pensado bien?

Voz de Pancho: Dime Roberto, ¿por qué te vas de la milicia? no me digas que eres gusano, coño, gusano de mierda, gusano, gusano. Eres un gusano.

(Aurelita va saliendo de su cuarto lentamente hasta salir de la casa).

Voz de Boby: Hasta tu hija te ha dejado, tú abandonas la revolución y ahora tu hija te abandona a tí. *(Ríe a carcajadas).*

(Continúan todos los sonidos con eco y resonancia profunda. Siguen torturando a Roberto).

Voz de Cuco: No te das cuenta Roberto, si te vas de Cuba eres un traidor, estás traicionando a Fidel y traicionar a Fidel es traicionar a Cuba, no seas estúpido Roberto, coopera con la revolución, esta revolución es tuya, tú eres el pueblo, y la revolución es del pueblo, para el pueblo y por el pueblo.

(Se escucha parte de un discurso de Fidel Castro).

Voz de Fidel: Hemos hecho esta revolución no para satisfacer a los ricos, hemos hecho esta revolución, para satisfacer a los pobres, por eso es que esta revolución, es del pueblo, para el pueblo y por el pueblo.

(Llevan a Roberto de nuevo hacia la cama, lo lanzan y se van yendo).

Voz de Roberto: Fidel, Fidel, Fidel, Fidel...ésto es una mierda Aurelia. Fidel, Fidel, Fidel, Fidel. Vámonos a escapar en un bote. Fidel, Fidel, Fidel, Fidel. Hay que largarse de aquí.

(En este instante, Roberto comienza a repetir el nombre de Fidel junto con la grabación, lo irá haciendo en crecendo, hasta terminar gritando con un gran pánico. Aurelia se despierta y enciende la lámpara).

Aurelia: Roberto, Roberto, ¿estás soñando? *(Lo sacude).*

Roberto: Fidel, Fidel, ¿eh?...¿qué pasa? ¿qué pasa Aurelia?

Aurelia: Estabas soñando, por eso te desperté.

Roberto: ¿Soñando? ojalá hubiese estado soñando, era una pesadilla *(La besa en la frente)* tremenda pesadilla vieja, que pesadilla.

(Las luces bajan lentamente hasta llegar al apagón).

APAGON

CUADRO 2

En este cuadro habrá más luz. Ya casi es verano. Se ve un ventilador en una de las ventanas. De afuera se escucha el sonido de los hidrantes y las voces de los niños jugando en la acera. Aurelita está sentada en el sofá mirando la televisión y estudiando a la vez. Se siente el teléfono sonar por varias veces.

Aurelia: *(Saliendo del cuarto)* Aurelita, ¿tú no oyes el teléfono?

Aurelita: Sí pero para que lo voy a contestar si yo sé que no es para mí, y tú siempre que te llaman me dices que le diga que tú no estás.

Aurelia: *(Contesta)* ¿Diga? ah, eres tú...no hija, no, yo estaba en el cuarto, pero tú sabes que en esta casa pueden oír el teléfono explotar que nadie lo contesta. *(Tocan en la puerta varias veces)* Sí...espérate un momentico que están tocando la puerta. ¡Aurelita abre la puerta! ¿Tú no oyes que están tocando?

Aurelita: Okey, seguramente que es mi papá que se le volvió a quedar las llaves *(Va a abrir la puerta).*

Aurelia: Oye, sígueme diciendo lo de Mercedes...¡mentira!no te lo puedo creer...mentira...tanta basura que esa mujer habló cuando nosotros creíamos que Aurelita estaba encinta! ya tu ves hija, el que ríe último ríe mejor...ojalá y le para mellizos...oye, yo no me alegro del mal de nadie, pero esa mujer es mala, tiene una lengua que se la pisa. *(Aurelita regresa de la puerta)* ¿Quién era?

Aurelita: Una mujer preguntando adonde vivían una gente ahí.

Aurelia: Pues sí.- ajá, ajá,..¿ya tú se lo contaste a Gracielita? déjame llamarla yo...mira que la vida tiene cosas...todavía no sabemos si nos vamos por avión o por carretera. Sí chica, tú sabes como es Roberto, él está loco porque pasen estos días, nunca yo lo había visto tan contento como en estos días...esperando la carta del trabajo de Miami. Dicen que el viaje a Miami por carretera es muy lindo...yo no sé chica, allí las cosas están tan malas! tiros,

58

asaltos, bombas, y el cubaneo de que "yo tengo más que tú y de que mi carro es mejor que el tuyo"...si mi hijita, pero hay quien trabaja hasta 16 horas diarias para poder aparentar todas esas cosas...yo no sé...imáginate, Roberto dice que no se pasa ni un invierno más en esta ciudad...yo no, yo prefiero mi sótano y el frío con tal de no caer en éso...tu ves que yo protesto y me quejo que no salgo, pero imagínate tú, en Miami los judios van a terminar con su vejez...eso es un pueblo de campo. Pero bueno, que voy a hacer, tengo que seguirlo a él...Bueno mi amor, salúdame a Pancho y cuídate ese catarro que ya estamos en tiempo de playa...bueno. Adiós. *(Cuelga y va a trajinar en la cocina).*

Aurelita: Mami, *(Pausa)* Mami, ¿tu te acuerdas del muchacho ese puertorriqueño que trabajaba en el programa de "Chico and the Man"?, ¿el que se mató?

Aurelia: Sí, ¿qué le pasó?

Aurelita: ¿Qué le va a pasar? ¿no te acuerdas que se dió un tiro en la cabeza?

Aurelia: Ajá...

Aurelita: Este programa que están dando es acerca de la vida de él.

Aurelia: ¡Qué bueno!... *(Aurelia sigue su trajín, hay una pausa entonces entra Roberto corriendo).*

Roberto: Aurelia, Aurelia, me llegó la contesta de la compañía. Mira la American Fiberglass and Steel Corporation, mira, ya me dieron el trabajo.

Aurelia: Déjame ver.

Roberto: Espérate, déjame leertela yo. *(Leyendo con mucho trabajo y con marcado acento)* Dear Mister Roberto Amador, no me pusieron Gonzalo, This letter is to inform you, that the application that you sent us, has been approved!. Ves, tú ves aprobaron la aplicación. You must report here on Aguest 25th at seven o'clock in the morning. El resto no lo entiendo muy bien.

Aurelia: Dásela a Aurelita para que te la lea.

Roberto: *(Mira a Aurelita que sigue indiferente en el sofá)* No deja, dice que traiga ropa de trabajo y una maletica con el lunch. Ya tú ves Aurelia, hay que tratar, tratando se logra todo.

Aurelia: Roberto, ¿tú lo has pensado bien? ¿ésto que vamos a hacer?

Roberto: *(Medio enojado)* Claro que lo he pensado bien, como lo pensé cuando nos mudamos para La Habana. Yo lo pensé cuando presentamos los papeles para salir de Cuba, y lo pensé cuando cogimos el bote para escaparnos de Cuba, y lo pensé para mudarnos para Nueva York, en vez de quedarnos en Miami, yo lo pensé bien pero ahí sí que metí la pata, mudarnos en esta mierda de ciudad.

Aurelia: Pero no tienes que incomodarte solamente te he preguntado, ya no se te puede ni hablar.

Roberto: *(Camina lentamente hacia atrás del sofá por una de las ventanas)* Perdóname Aurelia, es que he deseado tanto dejar este sótano, este trabajo es una basura, de la boila, de los cristales, que el hidrante, que la vieja que se murió en el tercer piso, que hay una gotera, que no hay calefacción, que le pinten la sala, no vieja no ¡qué va! Aurelia. Además ahora estamos en verano, que por lo menos uno puede ir al parque, pero el verano aquí nada más que son dos meses, y cuando llega el weekend, comienza a llover. Esto no es vida. Si nosotros nos fuimos de Cuba fue para vivir en paz con libertad, pero de que nos sirve esa paz y esa libertad si el cabrón invierno no nos deja disfrutar de ella. *(Mirando a Aurelita)* Nueva York es una mierda. Por lo menos en Miami podemos tener una casita, luego compraremos un cacharrito y si te descuidas, hasta un botecito para ir a pescar...

Aurelita: *(Lo interrumpe)* The Cuban Success, shit, no crean que a mi me van a llevar ustedes para ese campo. Yo me quedo con el frío y los ratones, what ever...

Roberto: Sí, claro tú ya tienes 18 años, ya eres independiente, pero no sabes ni limpiarte el fondillo. Así es como les pagan los hijos a los padres en esta ciudad. Ahora bien, tú quédate aquí viviendo con esa amiguita que tú dices que va a alquilar un apartamento, pero después no vengas con otro problema como la vez aquella que...

Aurelia: Roberto, por favor, no empecemos. Aurelita, aunque tú tengas 18 años tu vienes con nosotros, nosotros somos tus padres, tú no comprendes que...

Aurelita: *(Interrumpiendo)* No, yo no comprendo *(Se para y va hacia el refrigerador)* Yo no sé que diablo van a ir a buscar ustedes a Miami. Allí la gente no ha progresado todavía viven en el 1959, "la Cuba de ayer", papá, eso es todo, la Cuba de ayer, yo no sé, yo llevo 18 años oyendo hablar de esa Cuba de Ayer. Y acaso estos 18 años no cuentan. No, como si nunca hubieran pasado. I don't

No será el de Elizabeth Taylor, pero es un diamante.

Por nuestra felicidad y por nuestro viaje hacia Miami.

know about you people men. Eso es lo que van a encontrar en Miami ustedes, lo que van a hacer es un viaje hacia el pasado, 18 años hacia el pasado. Hagan ustedes sus viajes y déjenme a mí con los míos. Here, here is where the action is *(Se sienta en el sofá a comerse un yogurt)*.

Aurelia: Aurelita, te escucho y no lo creo. ¿Tú no sientes respeto por nosotros?

Roberto: ¿Por nosotros solamente? ¿y por Cuba? ¿tú no sientes nada por Cuba? Esa es tu verdadera Patria *(Se dirige a Aurelia)* La culpa de éso la tienes tú misma, siempre te dije que le enseñaras las cosas de Cuba, ni siquiera el himno nacional se lo sabe, por eso es que está así.

Aurelia: Ay no no, no la cojas conmigo ahora, vámonos para Miami y que se quede ella aquí. Para que nos siga dando dolores de cabeza mejor es que se quede, allá ella, se morirá de hambre, porque no sabe hacer ni siquiera una sopa. *(Apuntándole con el dedo a Aurelita)* Allá tú, Aurelita, allá tú.

Aurelita: *(Desafiante)* Cuidado y no sean ustedes los que se mueran de hambre en la capital del exilio cubano.

Roberto: *(Aurelia hace amago de irle arriba a Aurelita pero Roberto la coge por un brazo, hay una pequeña pausa)* Bueno Aurelia, llama a Tula y dile que llame al matrimonio ese dominicano que quiere quedarse con la superintendencia. Yo voy a llamar al Landlord y le voy a decir que estas son las últimas dos semanas aquí.

Aurelia: Seguro que se va a enojar.

Roberto: Que se busque a otro esclavo. El judio ése se pensó que nunca yo me iría de aquí. Que comemierda, tenía que ser judio. *(Prueba la comida)* No lo puedo creer, 12 años metidos en este basement, en este sótano, en esta tumba. ¿Quién me lo iba a decir? Aurelia. ¿Quién me lo iba a decir?

A P A G O N

C U A D R O 3

En este cuadro la sala aparecerá sin nada en las paredes. Hay muchas cajas recogidas, algunas tienen nombres escritos como: zapatos, lozas, cubiertos etc. Aparecen Roberto y Aurelia recogiendo cosas.

Roberto: Oye vieja, ¿cuál es el zip code de esa área donde vamos?

Aurelia: Yo no sé, ¿no estaba apuntado ahí en uno de esos papeles? Mira en esta caja de zapatos voy a meter todos los recibos de la lavadora y las cosas que hemos comprado en este año.

Roberto: Mira a ver si encuentras el del aire acondicionado, para ver hasta cuando tiene garantía.

Aurelia: Olvídate de la garantía, tú sabes que no van a arreglar nada.

Roberto: Se lo meteré por la vidriera pa'dentro.

Aurelia: Tú siempre metiendo y metiendo y total, no metes nada.

Roberto: *(La mira fijo)* ¿Qué tú insinúas?

Aurelia: Nada, absolutamente nada, y no estoy para discusiones ahora ¿OK?

Roberto: ¿Tú crees que se me ha olvidado que hoy es tu cumpleaños? ven acá.

Aurelia: Deja, deja, mejor es que ni me recuerdes de que hoy es mi cumpleaños.

Roberto: Ven acá, te conviene, ven a ver lo que tengo aquí para tí.

Aurelia: No me vayas a regalar algo que sea para tu propio beneficio.

Roberto: Ven boba, anda, ven acá.

Aurelia: El año pasado me regalaste una lavadora, para lavarte la ropa.

Roberto: Ven, acá, que te conviene, boba.

Aurelia: El antes pasado me compraste la televisión ¿Para qué? para ver la lucha libre, la pelota, el boxeo...

Roberto: Ven, que te tengo una sorpresa.

Aurelia: ¿Qué es, lo que es? ¿Una plancha de esas autómaticas, como las que anuncian por televisión, para plancharte los calzoncillos?

Roberto: Mira. *(Saca una cajita de sortija)* Te prometí que algún día te daría tu anillo de compromiso ¿no?. Aquí lo tienes.

Aurelia: *(Sorprendida)* Mentira Roberto, no lo puedo creer.

Roberto: No será el diamante de Elizabeth Taylor pero es bastante bueno.

Aurelia: *(Abrazándolo cariñosamente)* Roberto, mi amor, no lo puedo creer.

Roberto: Todo el mundo dice que en Miami hay competencia de

todo, hasta de anillos, pues para que no te me acompleges.

Aurelia: *(Se pone el anillo)* Ay Roberto, yo que creía que se te había olvidado que hoy era mi cumpleaños.

Roberto: ¿Cómo se me va a olvidar? A mi nunca se me olvida que tú existes, es más, vamos a llamar ahora mismo a Pancho, a Ofelia, a Cuco y a la mujer, a Boby y a Felipe, a todo el mundo. Esta noche vamos a celebrar tu cumpleaños y de una vez nos despedimos de ellos.

Aurelia: Pero nadie va a venir, todo el mundo trabaja mañana.

Roberto: Eso es en Cuba pero aquí en cuanto sepan que hay Bacardí, todo el mundo se mandará a correr pa'ca ¿Dónde está la libreta de teléfonos?

Aurelia: Ahí mismo abajo del teléfono, yo no la he guardado todavía.

Roberto: *(Busca en la libreta, entonces marca los números)* ¿Está Pancho? ponme a tu papá en el teléfono...si, si a tu papá. *(Pausa)* Oye tú, tienes que venir esta noche para acá. Es el cumpleaños de Aurelia, vamos a celebrarlo, y de una vez nos despedimos de ustedes. OK, no me falles, bueno nos vemos luego.

Aurelia: Llama a Boby.

Roberto: Oye, hermano boricua, y qué mi socio. Esta noche hay guateque en el batey. Si, esta noche, hoy es el cumpleaños de Aurelia y vamos a celebrarlo, de una vez nos despedimos de ustedes...si, está bien, traete tu botellita, por si acaso, hasta la noche. *(Cuelga y sigue buscando en la libretica, en eso suena el teléfono).* Oigo, si, dígame...si yo soy el súper...bueno señora ¿qué quiere que yo haga? No, yo no me voy a desgraciar la vida con un muchacho de esos...No bótelos usted si quiere, o llámele la policía. A mí que me importa, señora... ¿cómo?...al carajo se va usted, vieja bruja. *(Cuelga)* Comemierda, eso es lo único que hace un súper, aguantarle las descargas a todas las viejas estas, descrépitas. *(Vuelve a sonar el teléfono, Roberto lo contesta fuertemente)* Dígame, si dígame...oh, es usted Doña Dora, no, no perdóneme usted...muchísimas gracias. Imagínese son 12 años metidos aquí. Ya nos estamos poniendo viejos, ya Nueva York no es para nosotros. Si, bueno, muchas gracias, se lo diré a Aurelia. Aurelia, Aurelia. Doña Dora, nos desea mucha suerte en la Florida. Hoy casualmente es el cumpleaños de ella. Aurelia, Aurelia, Doña

Dora te desea felicidades por tu cumpleaños. ¿Aurelita?, no, no hemos sabido de ella, hace dos semanas que no sabemos de ella...si, si, usted sabe como son los muchachos estos de ahora... Así es la vida, ahí muere todo nuestro pasado. Bueno Doña Dora, muchas gracias antes de irnos subiremos a verla. Hasta luego.

Aurelia: *(Saliendo del cuarto)* ¿No le preguntaste por su hijo en Puerto Rico?

Roberto: Ay caray, se me olvidó.

Aurelia: Pobre Doña Dora. Ya casi no puede con la vida.

Roberto: Voy a ver si compro algunas cervecitas para la noche.

Aurelia: ¿Como a que hora vendrán esa gente?

Roberto: Como a las 6 ó las 7, ó a las ocho.

Aurelia: ¿Qué tú crees, les preparo algo de comer?

Roberto: ¿Quieres que compre un pernil?

Aurelia: Está bien, yo haré un congricito y yuca con mojo.

Roberto: *(Va hacia el cuarto)* Bueno, hazme una listica de las cosas que hacen falta.

Aurelia: Hay que comprar platos de cartón, ya metimos todas las lozas en las cajas. También hacen falta copas plásticas y tenedores.

Roberto: *(Regresando del cuarto)* ¿Sabes una cosa Aurelia?

Aurelia: Ajá.

Roberto: Nunca en los años que llevamos en este país, me había sentido más contento que hoy.

Aurelia: ¿Y eso por qué?

Roberto: No sé, tal parece que en vez de Miami nos estuviéramos preparando para regresar a Cuba. No solamente eso, sino, es la primera vez que yo empaco las cosas contento, nunca habíamos viajado por nuestra propia voluntad. De Matanzas a La Habana, cuando eso nos fuimos para que las gentes no supieran lo de tu aborto. Cuando fuimos de La Habana a Santiago de Cuba, fuimos escondidos a ver si nos daban visas en la embajada de Jamaica, y luego las fastidiosas colas para conseguir visas en la embajada de España. Siempre fue una jodienda. Esta es la primera vez que empacamos con calma. *(Aurelia se mira la sortija)* La primera vez que anunciamos que vamos a viajar, la primera vez que vamos a viajar felices... bueno en realidad uno nunca es feliz en esta vida...

Aurelia: Gracias por la sortija, Roberto.

Roberto: Lo único que nos hacía falta era que Aur...

Aurelia: Sí, ya lo sé, que Aurelita viniera con nosotros.

Roberto: Bueno, ya somos lo suficientemente viejos para saber que la felicidad no es completa. *(Aurelia se le acerca y lo besa)*.

Aurelia: Gracias por la sortija, Roberto.

Roberto: Tú siempre te la has merecido, nunca te la dí porque nunca pude comprarla. Ojalá y la puedas disfrutar por muchos años.

Aurelia: Muchas veces yo me he creído que ya yo ni te importo.

Roberto: No sé por qué...

Aurelia: Yo que sé, a veces pasan los días y ni siquiera nos miramos a los ojos una vez, o por lo menos tú a mí, porque yo siempre te miro a los ojos, desde que éramos novios.

Roberto: Yo siempre te he mirado también, lo que pasa que cuando yo te he estado mirando, tú no me has estado mirando a mí.

Aurelia: Si pero cuando estás mirando el show de Iris Chacón, entonces sí que no cambias la vista.

Roberto: Pero yo miro a Iris Chacón por su show, no por ella.

Aurelia: ¿Por quién entonces? ¿Por los bailarines?

Roberto: Tu ves Aurelia, en estos 24 años que nosotros nos conocemos, tú siempre has tratado de cambiarme mi manera de ser.

Aurelia: Pero tú nunca has cambiado.

Roberto: Hay algo en el carácter de cada hombre que no puede ser cambiado: es como si fuera ¿qué sé yo?, es el esqueleto de su carácter. Tratar de cambiarlo, es como tratar de enseñar a una oveja a tirar del arado.

Aurelia: ¿Y tú te consideras esa oveja?

Roberto: Sí, y a tí te considero el arado. *(Ambos ríen)*.

Aurelia: Bueno viejo, vete a buscar esas cosas y déjame arreglar un poco la casa, para que por lo menos encuentren las cajas en orden.

Roberto: *(Roberto se queda mirando a Aurelia, muestra tristeza en los ojos. Se va yendo lentamente)* Happy Baby to you, happy baby to you, happy baby Aurelia, happy baby to you. *(Cierra la puerta)*.

A P A G O N

C U A D R O 4

Se siente la música de la canción "Cuba Linda" todos

comentan en voz alta.

Boby: Dicen que el tipo se le acerca a los enamorados que están en los carros, por atrás, entonces le dispara a boca de jarro.

Cuco: Oye, y que no se deja coger, qué bárbaro es ese tipo.

Pancho: Por eso es que aquí hay que estar armado, el forifai hay que llevarlo a donde quiera.

Boby: Yo no puedo creer que sea verdad de Uds., se nos vayan para Miami.

Cuco: ¿Qué nos vamos a hacer sin ustedes?

Aurelia: *(Yendo hacia la cocina)* Nada, lo que tienen que hacer es darse su vueltecita por Miami.

Pancho: Si, si, si ya yo estoy preparando mi viajecito pa'llá abajo.

Ofelia: ¿Y cómo es que tú no me has dicho nada?

Pancho: Una sorpresa, mi amor, una sorpresa, ¿qué pasa?

Boby: Bueno, vamos a brindar. Brindemos por la despedida de estos dos dichosos seres.

Pancho: ¿Dichosos por qué?

Cuco: Coño, porque se van para "The sunshine state", la tierra del sol.

Aurelia: Nosotros les mandaremos fotografías de por allá abajo, a ver si se embullan.

Boby: Bueno yo voy a hacer el brindis.

Ofelia: Un momento, ¿y a las mujeres no nos van a dar para brindar?

Aurelia: Si muchacha, acuérdate que los últimos son los primeros.

Boby: Señores, señores, atiéndanme ahora. Brindemos por Roberto y Aurelia. Que todas las cosas buenas que ellos desean, se les hagan realidades. Por el amor mutuo que ellos se tienen. Por la salud y por el triunfo en una mudanza para Miami. Brindemos por ellos.

Todos: ¡Brindemos!

Pancho: Bueno y ahora: Chistes time.

Ofelia: ¿Ahora qué?

Aurelia: A hacer chistes, imagínate tú.

Ofelia: Ay, no, Uds., se ponen muy pesados.

Aurelia: Bueno hagan sus chistes pero sin caer en vulgaridades. *(Aurelia y Ofelia se pasan para la sala).*

Pancho: Ok, ¿ustedes se saben el del enanito y la giganta?

Cuco: Ese es muy fuerte. Yo me lo sé, muy fuerte.

Pancho: Ok, entonces déjenme hacerles el del tipo que estaba esperando el tren para Nueva York. Este era un tipo que estaba parado en una estación de trenes de Chicago, esperando el tren para Nueva York. El tipo hace así, se mira el reloj, lucía aburrido. Entonces ve una de esas pesas que cuando uno les echa un nickel sale una tarjetica con el futuro de uno. El tipo hace así y le echa un medio a la pesa. Coge la tarjetica que le dice: "Usted se llama José González, es casado, tiene cuatro hijos y está esperando el tren de las 4:30 para Nueva York". El tipo se queda asombrado, mira para todos sus alrededores y dice: ésto es imposible, esta máquina es genial. Hace así y va a una de las tiendecitas y se compra un par de espejuelos negros y vuelve para la pesa, le echa otro nickel, y vuelve a coger la otra tarjetica que dice así. "Usted se llama José González, es casado, tiene cuatro hijos y está esperando el tren de las 4:30 para Nueva York". El tipo se vuelve a sorprender, vuelve a mirar para todos los lados. Dice, coño pero como es posible que esta máquina sepa tanto. Va otra vez a la tiendecita y se compra un sombrero y una capa de agua, y vuelve para la pesa. Le echa otro nickel y la pesa le vuelve a repetir lo mismo. El tipo se vuelve a ir va y se consigue un traje de mujer, una peluca, otros espejuelos negros, se pinta los labios. Regresa a la estación. Vuelve a donde está la pesa. Le echa otro nickel, y le sale otra tarjetica que dice: Usted se llama José González, tiene cuatro hijos, es casado, y por estar comiendo tanta mierda, se le acaba de ir el tren de las 4:30 para Nueva York.

Todos: Todos ríen.

Cuco: Ya yo me lo sabía.

Boby: Ustedes se saben el del trapecista.

Cuco: Pero Boby, tú siempre dices el mismo chiste.

Pancho: Es verdad Boby, dispara otro mi hermano, haz el del chino, el de la hormiguita, vaya cualquier otro...

Cuco: ¿Ustedes no se saben el del tipo que cayó desde un quinto piso sobre un hidrante?

Roberto: *(Había estado apartado mentalmente)* Bueno déjenme hacerle uno. Vaya un chiste, o más bien una historia, o una comedia.

Cuco: Vaya, Roberto va a decir un chiste.

Roberto: Había una vez un vendedor de billetes de la lotería nacional, que se pasaba la vida pregonando "23,492, 27,786, vaya, aquí llevo el primer premio". Trabajó como un animal de lunes a lunes, de domingo a domingo, por los adoquines, por el concreto, por el chapapote, "23,492." El billetero caminó toda una vida, diez años pregonando billetes. Por los barrios de los pobres, por los barrios de los ricos, por los barrios de los chulos, diez años pregonando billetes, "23,492". El país del billetero se deshacía en pedazos, los politiqueros, los gansters, los terroristas, los turistas, todo el mundo le arrancaba un pedazo al país del billetero. Un día bajó un joven barbudo de la montaña; trajo esperanza, trajo fé, trajo promesas. Todo el mundo creyó en él. El billetero dejó de pregonar por las calles, el billetero se uniformó de miliciano creyendo que era verdad que él era parte de ese nuevo gobierno. Dejó de pregonar ahora era distribuidor de billetes, se los distribuía a otros billeteros que tendrían que seguir pregonando. Pero todo cambió. Se perdió la esperanza, se perdió la fé, sólo quedaron las promesas, un viejo paredón español, testigo de lo que allí pasaba. El billetero decidió abandonar aquéllo junto a miles de hermanos que también habían perdido la esperanza y la fé. El nuevo tirano pedía paciencia, pero el pueblo ya la había agotado con la tiranía anterior. Ahora las medidas de seguridad eran más opresivas y los terroristas eran los que oprimían. Ahora todos pagábamos los platos rotos. Los pobres y los ricos, los negros y los blancos y los chinos. Es cierto que el comunismo lo convierte todo en común. En este caso el sufrimiento se había convertido en el común denominador.

El billetero vino a dar a tierras frías con su mujer y su niña de dos años de nacida. Se sepultó en un sótano y trabajó como nunca había trabajado en su vida. Con esperanza, con fé y con optimismo, que algún día volvería a pisar aquellos adoquines, aquel chapapote, aunque fuese a pregonar de nuevo "23,492" mil veces. Pero no, el billetero iría para el sol pero no para el de su tierra. ALLI ESTARA A 90 MILLAS DE SU CAIMAN, SE PARARA EN ALGUNA ROCA TODOS LOS DIAS, Y TODOS LOS DIAS MIRANDO AL MAR, TRATARA DE ACHICAR LA DISTANCIA. 90 MILLAS NO SON NADA COMPADRE; pero son 90 millas que nos separan de todo aquéllo que dejamos atrás. El Súper, el súper le ganó la apuesta al billetero. La apuesta de que de aquí iría para allá a morir tranquilo. El Súper decía que no, que aquéllo nunca sucedería. *(Boby camina hasta donde está Roberto y le da un abrazo)* A ustedes los quiero como a mi propia vida. Sepan todos que en Miami ustedes cuentan con un amigo coño, con un hermano. Aurelia y yo siempre estaremos juntos, claro, esta vez sin Aurelita, nuestro retoño, esta vez solos. Yo siempre los recordaré a todos ustedes.

Aurelia: Y yo también los recordaré a todos *(En éso entra Aurelita con una maleta)*.

Aurelita: Y yo también los recordaré a todos.

(Todos se sorprenden. Roberto corre emocionadamente hacia Aurelita y Aurelia también).

A P A G O N

F I N

Centro Cultural Cubano de Nueva York
PRESENTA

EL SUPER

escrita y dirigida
por
IVAN ACOSTA

con
**RAIMUNDO HIDALGO
ZULLY MONTERO
REINALDO MEDINA
JUAN GRANDA
OFELIA ABRIL
LULA SANTOS
ANGEL ALVAREZ
HERMAN GUTIERREZ
GILBERTO VARGAS**

estreno
sabado, noviembre 5, 1977 8pm

viernes y sábados 8pm
domingos 6pm

entrada $4
estudiantes y ciud. ret. $3

601 W. 51 ST., NEW YORK, TEL. 586-8564

MAX MAMBRU FILMS LTD.

The New York Times

Copyright © 1979 The New York Times   — NEW YORK, SUNDAY, APRIL 29, 1979 —   2.25 beyond 50-mile zone from New York. Higher in air delivery cities.

The Screen: 'El Super,'
A Cuban-American Tale

By VINCENT CANBY

For the last 10 of his 42 years, Roberto, a former bus driver in Havana, has been living in New York exile with his wife, Aurelia, and their 17-year-old daughter, Aurelita. Roberto not only suffers the life of an outsider, he embraces it as well as the isolation, the humiliation and the homesickness that go with it. Because he refuses to learn English, the best he can do by way of employment is a job as superintendent in a large tenement on the Upper West Side.

"El Super," a Cuban-American feature film shot in New York, opens early on a Sunday morning in February as Roberto tries to sleep while angry tenants upstairs bang on the pipes demanding that the boiler be turned on. They are entitled, but he has forgotten. Finally he rouses himself. Says Aurelia of the commotion, "I can't stand English the first thing in the morning."

A little later, Aurelia surveys their neat basement apartment, furnished with all of the necessities, including a television set and an electric blender, and reports that she's tired of peering out the window and seeing nothing but people's feet. "It's like looking at the world from underneath," which is pretty much the way Roberto sees things.

From this beginning you might suspect that "El Super" would be grim, but you'd be wrong. It's a funny, even-tempered, unsentimental drama about people in particular transit. Roberto thinks of his life as being a sort of long, boring, nonstop flight from Cuba that will eventually circle back there, while Aurelita and a number of their friends are losing no time in assimilating.

The film, the first feature to be co-directed by Leon Ichaso and Orlando Jimenez-Leal, is based on Ivan Acosta's play of the same name that was produced originally by the Cuban Cultural Center in New York in 1977. It will be presented in the New Directors/New Films series at the Museum of Modern Art today at 6 P.M. and Wednesday at 8:30 P.M. It is scheduled to have its commercial opening in New York in June.

The Cast

EL SUPER, directed by Leon Ichaso and Orlando Jiménez-Leal; produced and adapted for the screen (in Spanish with English subtitles) by Manuel Arce and Mr. Ichaso, based on the original play "El Super" by Ivan Acosta; camera, Mr. Jiménez-Leal; edited by Gloria Piñeyro; music by Enrique Ubieta. At the New Directors/New Films series, Museum of Modern Art, 53d Street west of Fifth Avenue. Running time: 90 minutes.

Roberto	Raymundo Hidalgo-Gato
Aurelia	Zully Montero
Pancho	Reynaldo Medina
Aurelita	Elizabeth Peña
Cuco	Juan Granda
La China	Hilda Lee
Inspector	Phil Joint
Predicador	Leonardo Soriano
Bobby	Efrain Lopez-Neri
Otelia	Ana Margarita Martinez-Casado

"El Super" is not an especially political film, though it is concerned with working-class people who fled the revolution. Its most uninhibitedly comic character is a manic fellow named Pancho, a veteran of the Bay of Pigs fiasco, who is rabidly anti-Castro and everywhere sees Communist conspirators, including the loony man who pushes into Roberto's apartment one Sunday afternoon to preach Christ's Gospel.

"El Super" is much less about politics than it is about the disorientation of exiles who become living metaphors for the human condition. Such a person is Roberto, played with infinite good humor and common sense by Raymundo Hidalgo-Gato. The role, like the screenplay by Manuel Arce and Mr. Ichaso, is extremely well written as it avoids the usual impulse of such realistic drama to state in large, long speeches what it intends to be about. "El Super" works entirely within its characters and events.

The film was obviously produced on a very low budget, but with care, intelligence and with a cast of marvelous Cuban and Puerto Rican actors. In

Raymundo Hidalgo-Gato

addition to Mr. Hidalgo-Gato, they include Zully Montero as Aurelia, Reynaldo Medina as Pancho, and Elizabet Piña as Aurelita.

72